Gerti Senger

Mit Lust & Liebe

Spielarten der Erotik

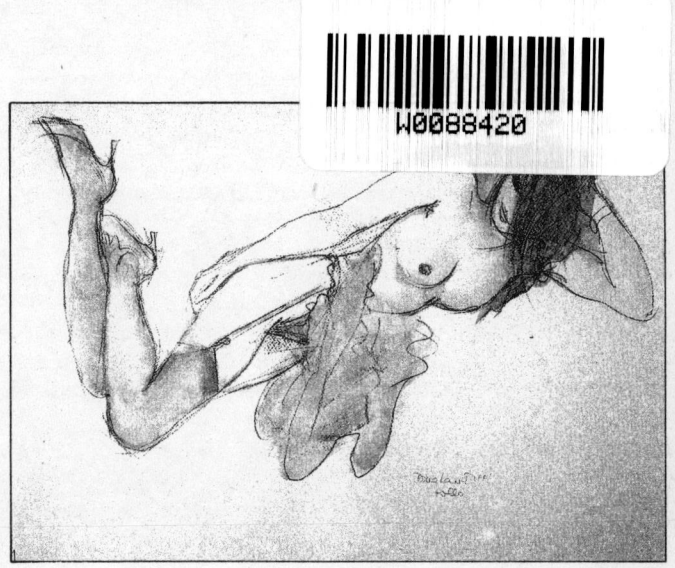

Ullstein

Ullstein Buchverlage GmbH & Co. KG,
Berlin
Taschenbuchnummer: 35419

Ungekürzte Ausgabe
Mit 6 Abbildungen
5. Auflage Juni 1998

Umschlagentwurf:
Gerti Senger
Alle Rechte vorbehalten
© 1992 by Österreichische
Staatsdruckerei
Edition S, Verlag der Österreichischen
Staatsdruckerei
Printed in Germany 1998
Druck und Verarbeitung:
Ebner Ulm
ISBN 3 548 35419 X

Gedruckt auf alterungs-
beständigem Papier mit
chlorfrei gebleichtem Zellstoff

Von derselben Autorin
in der Reihe
Moewig bei Ullstein:

Zur Sache, Liebling (63207)

Die Deutsche Bibliothek –
CIP-Einheitsaufnahme

Senger, Gerti:
Mit Lust & Liebe : Erotik für
Feinschmecker / Gerti Senger. –
Ungekürzte Ausg., 5. Aufl. – Berlin :
Ullstein, 1998
   (Ullstein-Buch ; Nr. 35419 :
   Ullstein-Sachbuch)
   ISBN 3-548-35419-X
NE: GT

Inhalt

GAUMENKITZEL

Empfangen ist das weibliche Genießen,
Verzehren das männliche.
Novalis

Die geheimnisvollen Laute der Lust

Die Szene muß sich ungefähr so abgepielt haben: Ein Mann umarmt seine Geliebte. Er küßt, streichelt und liebt sie in sinnverwirrender Raserei. Im höchsten Entzücken keucht und stammelt er unverständliche Wortfragmente. Plötzlich fragt seine Gefährtin: „Wie bitte? Was hast du gesagt?"

Was er gesagt hat? Er hat die unendliche Geschichte der Lust erzählt. In einer Sprache, die ohne wohlgeordnete Worte auskommt, aber nur für den verständlich ist, der sich in demselben Zustand befindet: weltentzückt, selbstvergessen, außer sich. In den höchsten Momenten der Leidenschaft, in der Ekstase, formen sich die unzusammenhängenden Laute der Lust, mit denen sich das sagen läßt, was sich eigentlich nicht mehr beschreiben läßt. Je heftiger das Begehren, je größer die Lust, je höher die Spannung, desto unmöglicher wird es, Vokale und Konsonanten in der richtigen Reihenfolge zu formen.

„Was hast du gesagt?" hat sie gefragt! Wie weit weg muß sie von seiner sexuellen Erschütterung gewesen sein, daß sie eine artige Rede erwartete. Vielleicht so: „Es ist durchaus wohltuend für mich, wenn ich mich in deinem zauberhaften Körper auflöse." Unmöglich, absolut unmöglich. Am Höhepunkt der Lustgefühle kann man keine wohlgesetzte Rede für das finden, was man spürt, wovon man überwältigt wird. Die Kraft der Erregung formt nicht klassische, akkurate Worte, sie formt eine neue Verständnismöglichkeit. Das Geschlecht scheint bis in den Kehlkopf gedrungen zu sein, so verwirrend, so aufregend klingt das, was über die Lippen eines zutiefst erregten Menschen kommt.

So viel ich weiß, haben Frauen mit den Lustlauten

der Männer Probleme und Männer mit den Lust-
schreien, die ihre Partnerin während der Ekstase aus-
stößt. So wie eine entfesselte Frau schreien kann, kann
ein Mann niemals schreien. „Es ist, als ob ihr Atem in
ihrer Kehle explodiert", schrieb mir unlängst ein
Mann. „Und wenn ich ehrlich bin, macht mir das
angst." Das verstehe ich gut. Was soll ein Mann, der ein
starkes Bedürfnis nach Klarheit und Überschaubar-
keit hat, mit Schreien anfangen, bei denen die Stimme
kippt und Silben splittern wie Glas? Diese Schreie
können zwar das Abbild einer bis zur Unerträglichkeit
gesteigerten Lust, aber auch der Beweis dafür sein, an
einem Ziel angelangt zu sein. Oder sie können das Zeichen dafür sein, daß ein Höhepunkt den anderen ab-
löst. Über dieses „Zuviel an verschwommenen Empfindungen" klagte schon der Erotik- und Schmerzspe-
zialist de Sade.

Ich glaube, daß das Lusterlebnis des Partners oder
der Partnerin, das man so nah vor Augen und Ohren
hat, in seinen letzten Bereichen doch ferne bleibt. Dieses Nichtverstehen, Nichtwissen, was der andere in
den entscheidensten Sekunden der sexuellen Ekstase
und Veränderung spürt, macht immer ein bißchen einsam. Aber gerade dieser Funken des Alleinseins ist der
Nährboden des Verlangens, das uns einander wieder
und wieder in die Arme treibt. Die unendliche Geschichte des Begehrens . . . Sie beginnt mit jedem
markerschütternden Schrei und jedem unverständli-
chen Gestammel immer wieder aufs neue . . .

Kleiner Mann, was nun?

Ich mag Toiletten-Graffiti und nehme mir immer Zeit, die Wandzeitungen zu lesen. Dabei fiel mir wieder einmal „der kleine Unterschied" auf: Frauen hinterlassen eher tagebuchähnliche Notizen („Ich liebe Herbert" oder „Warum ruft mich G. nicht an?"). Männer geben uralten Ängsten Ausdruck:

„Tritt näher, er ist kürzer, als Du denkst" oder „Lach nicht über den Witz an der Wand, sondern über den in Deiner Hand". Ich vermute, daß vielen Männern sowieso nicht zum Lachen zumute ist. Die markigen Sprüche sind nämlich der Beweis, daß die Angst, „zu klein" zu sein, so aktuell ist wie eh und je. Daran konnte auch der gutgemeinte Hinweis auf das dafür verantwortliche Kindheitstrauma nichts ändern: Wenn der kleine Junge mit seinem winzigen Zipfel das mächtige Gehänge seines Vaters sieht, wird er für sein Leben lang traumatisiert und fühlt sich fortan unterrum immer „zu klein". Entlastet die Behauptung, ein großer Pimmel werde sowieso nur als Machtinstrument und Waffe gebraucht, die vermeintlich Kleinzipfeligen? Nein. Als könnte man dasselbe nicht auch mit einem Kleinen! Beruhigen die dramatischen Schilderungen der Frauenängste vor einem großen Stück? Auch nicht. Daraus wird höchstens ersichtlich, daß der große oder sagen wir lieber der normale Penis eine schlechte Presse hat. Es wird also Zeit, daß ich auch einmal den stiefmütterlich behandelten „Großen" lobe. Nicht nur wegen der Gerechtigkeit. Ich kann auch die Briefe jener Frauen nicht mehr ignorieren, die mir beteuern, daß die Größe des männlichen Schwertes sehr wohl eine Rolle spielt.

Englische Männerwitze unterteilen die Männerwelt

in „Errol Flynns", dem ein Liebesknecht von sage und schreibe 45 Zentimeter nachgesagt wird, und in „Knirpse", die es auf knappe acht Zentimeter bringen. Stimmte das, was man dem amerikanischen Filmbeau nachsagt, war er mit dieser King-size-Ausgabe sicher nicht gesegnet. Zuviel des Guten kann einer Frau Schmerzen bereiten. Aber wesentlich unter der Norm zu liegen ist auch ein Nachteil, das muß ich doch einmal aussprechen.

Gründe dafür werden mir genug genannt: Es gibt zu wenig Druckintensität. Es kommt nicht zu dem genußvollen Gefühl des Ausgefülltseins. Und die indirekte Klitoris-Stimulierung kommt nicht zustande. Bei einem 08/15-Akt steht ein Winzling ohne flankierende Maßnahmen, wie zum Beispiel zärtliche Finger, oft und oft vor einer absolut unlösbaren Aufgabe.

Wahrscheinlich ist das mit ein Grund, warum die Vergrößerung des Penis die Menschen seit alters her beschäftigt. Die „Chartham-Methode" verspricht durch tägliche Massage, warme Kompressen und Muskelübungen (der Mann tut so, als würde er den Harnstrahl unterbrechen) eine Vergrößerung des Penis. Immerhin: 87,5% hatten nach drei Monaten konsequenten Trainings angeblich 16,96% in der Länge und 15,88% im Umfang zugelegt. In den Katalogen der Sex-Versandhäuser werden Sets von Penisvergrößerungen angeboten, und sogar operative Methoden und Vakuumanwendungen werden offeriert.

Wozu die Mühe, wenn es doch auch ein Wuziwuzi Kleiner tut? Nein, wir haben die Bedeutung einer durchschnittlichen Penisgröße lange genug relativiert, damit denjenigen, die von der Natur gesegnet waren, falschen Stolz abgekauft, und die, die zu kurz gekommen sind, moralisch gestützt. Aber wenn er klein und dennoch oho sein will, muß er sich doppelt und dreifach anstrengen. Der durchschnittlich große Liebes-

diener kann ohne viel Zutun ein Genuß der Sonder-
klasse sein.

Ehre, wem Ehre gebührt.

Lob der Weichheit

Ein Mann sagt, daß er Busen liebt. Der Mann sagt weiter, die Signalwirkung des weiblichen Busens sei so
stark, daß „Busen und Erregung" und „Busen und
Wohlbefinden" eins für ihn seien. Gut. Gegen diese
archaische Reaktion läßt sich schwerlich etwas ein-
wenden. Wohl aber gegen eine Einschränkung, die der
betreffende Mann macht: Der Busen soll knackig sein.
Für eine 17jährige ist das kein Problem. In dem Be-
wußtsein ihrer jugendlichen Schönheit läßt sie die
knospenden Brüste voller Stolz betrachten und liebkosen. Aber dann! Aus den „süßen Kipferln" werden
– ich drücke es jetzt mit rüden Männerworten aus –:
„müde Zipferln". Lebensjahre, Schwangerschaften
und Hungerkuren gehen am weiblichen Busen nicht
spurlos vorüber. Schon bald ist der Busen nicht mehr
auf ein ästhetisches Geschlechtsmerkmal reduziert,
sondern Ausdruck eines gelebten Frauenlebens. Da
gibt es mir natürlich zu denken, daß bereits mit 24 Jahren etwa zwei Drittel der Frauen mit ihrem Busen un-
zufrieden sind, weil sie ihn, gemessen an einem ab-
strakten Schönheitsideal, als „zu weich" empfinden.
Über diese Weichheit will ich heute ein paar Worte
sagen.

Nicht „knackig" ist das Symbol für Weiblichkeit,

sondern weich. Sehen Sie sich doch einen body-gebuildeten Frauenkörper an: Dort, wo üblicherweise sanfte Linien und weiche Konturen sind, schrecken zum Waschbrett ausdividierte Muskelpartien ab. Die Andersartigkeit des weiblichen Körpers tritt durch die Weichheit der Körperlinien des Busens zutage, so ist das. Die männliche Brust ist hart, die weibliche Brust ist weich. Schon allein darin besteht ihre Attraktivität. Ich weiß aus Gesprächen mit Männern, daß sie die großen sexuellen Wonnen überraschenderweise nicht bei Mädchen mit „süßen Kipferln" erlebten, sondern bei Frauen mit weichen Brüsten. Auch wenn diese winzig und unscheinbar waren. Wieso eigentlich „überraschenderweise"? Hier waren sie nicht nur Mann und Geliebter, hier durften die Männer auch Kind sein, sich gehen oder von einer erfahrenen Frau leiten lassen. Ein lieber, von mir sehr geschätzter Freund sagte einmal, daß er jene Frauen am sexuell anziehendsten findet, die „Maschanska-Äpfel mit Druckstellen" gleichen. Dieses Geständnis hat mir wohl getan. Nicht nur deshalb, weil ich mich selber zu den Maschanska-Äpfeln mit Druckstellen zähle, sondern weil da endlich ein Mann war, der offen zugeben kann, was eigentlich öfter, als Frauen wissen, der Fall ist: Für die meisten Männer ist die süße Weichheit des Busens eins mit Sex, Zärtlichkeit und Erfahrung. Männer lieben weiche Busen. Auch wenn sie, um als jung und anspruchsvoll eingeschätzt zu werden, oft das Gegenteil behaupten.

Macht und Potenz

Sind Sie ein typischer Macho? Unterdrücken Sie Frauen, und beuten Sie sie aus? Tut mir leid, Sie haben ausgespielt. Sind Sie übersensibel und völlig aggressionsfrei? Auch Sie können einpacken. Gefragt ist der „wilde Mann". Diesen griffigen Ausdruck prägte der amerikanische Lyriker Robert Bly für einen Männertyp, der nicht nur über eine reife Liebesfähigkeit, sondern auch über innere Stärke, Mut und sinnvolle (!) Aggressivität verfügt. Genau jene Eigenschaften also, die wir Frauen den Männern in den sechziger und siebziger Jahren abgewöhnen wollten. Damals träumten wir von weichen Männern, die Einfühlung anstatt Aggressivität zeigen sollten. Robert Bly schätzt, daß heute ungefähr die Hälfte der jungen Männer so geworden ist, wie die Frauen sie damals wollten: aggressionsfrei und unsensibel, aber ohne Vitalität.

Der weiche, übersensible Mann kann nicht mehr zupacken, ist verunsichert, und wegen seiner Selbstzweifel hapert es auch mit seiner Potenz. „Zum Reden und Philosophieren war er ja wunderbar, aber als Liebhaber war er eine Niete", sagte mir erst unlängst Martina über ihren sanften Freund, dem sie nach zwei diskussionsreichen Jahren den berühmten Weisel gegeben hatte. Jetzt ist sie mit einem „wilden Mann" liiert, der keine Potenzprobleme hat, der nicht an sich zweifelt, der weiß, was er will, und sich durchsetzt, wenn sie vielleicht nicht ganz so genau weiß, was sie will. In einer Welt, in der es hinten und vorne nur weiche Lösungen gibt und das Bedürfnis nach Klarheit immer stärker wird, ist diese Form der Alltagsbewältigung für viele Frauen wohltuend. „Ja, er hat ein bißchen was von einem Macho", gibt Martina zu. „Aber dafür ist er nicht impotent." Mich wundert es nicht, daß der „wilde Mann" sexuell stabiler ist als ein sanfter Träumer. Macht und Potenz stehen nämlich in einem unmittelbaren Zusammenhang: Erfolg läßt den Testosteronspiegel im Blut ansteigen, durch Mißerfolg sinkt er. Der Mann, der Erfolg und damit auch Macht hat, hat also aufgrund seiner florierenden Hormonausschüttung auch Lust. Der Softy hat ein gestörtes Verhältnis zur Macht, also hat er meist auch eine gestörte Sexualität.

So einfach ist das. Und so unbequem in der Tragweite seiner Bedeutung. Denn Macht zu beanspruchen ist verpönt. Aber – und auch das will ich einmal gesagt haben – auch der milde, angeblich völlig aggressionsfreie Mann versucht, Macht auszuüben. Seine Strategie ist aber nicht Stärke, sondern Schwäche. „In seiner Sensibilität, seinem gutwilligen Verzicht auf klassische Machtattitüden suggeriert er eine Ähnlichkeit mit der Frau und verführt sie um so wirkungsvoller zu einer ihm genehmen, aber traditionellen Liebesbeziehung", resümiert die Hamburger Therapeutin Sigrid Steinbrecher. In dieser Beziehung will er bemuttert werden und einem offenen Kampf aus dem Weg gehen. Wehe, wenn sie sexuelle Ansprüche stellt! Da schrumpft sein Kleiner auf der Stelle. Mit seinem schlaffen Pimmel erzwingt der Softie die ganze Aufmerksamkeit seiner Gefährtin – so wie er als kleiner Junge die Zuwendung seiner Mami erzwang, wenn er auf schwach und klein machte.

Haben wir das gewollt? Ein Kind zum Bemuttern anstatt einen Kerl zum Lieben? Nein, das haben wir nicht gewollt. Wir Frauen können zwar aus einem Embryo einen Jungen werden lassen, aber wir wollen nicht aus einem Jungen einen Mann machen.

Guter Po, du gehst so stille

Es gibt zwei Sorten von Männern. Die einen greifen beim ersten Kuß automatisch nach dem Busen der Frau, die zweite nach ihrem Po. Falls Sie zu diesem Männertypus, also zu den Po-Grapschern gehören, ist auf Ihr instinktives Sexualverhalten Verlaß: Der weibliche Po ist das urzeitliche Sexualsignal schlechthin. Unsere Vorfahren, die den aufrechten Gang noch nicht beherrschten, folgten bei ihren ersten Annäherungsversuchen ihrer Nase. Daß sie eine Sexpartnerin schnuppernd finden konnten, war dem emporgereckten Hinterteil der Urfrau zu verdanken. Auch wenn der Hintern nicht mehr im Mittelpunkt des erotischen Begehrens steht, hat sich die Liebe zu ihm über Jahrtausende hin gehalten.

In grauer Vorzeit sah man im Mond das astrische Abbild des lustspendenden, irdischen Hintern. Seit damals sind Mond und Po mit den Vorstellungen von Reichtum und Glück eng verknüpft – denken Sie nur an die Goldscheißer und die mit Geldstücken gefüllten Nachttöpfe, die wir in der Silvesternacht verschenkt haben. In ferner Vergangenheit war der Po/Mond Urbild aller Götter aller Völker. Der Mann des 20. Jahrhunderts faßt sich sachlich kurz: Knackig und prall soll der weibliche Po sein. Ich weiß übrigens von vielen Frauen, daß auch ihnen selbst das Gefühl, einen „festen Po zu haben", buchstäblich das Rückgrat stärkt: Ein muskulöser Hintern repräsentiert die neue Weiblichkeit – nicht mehr schlaff und passiv, sondern selbstsicher und aktiv.

Aber Sie haben es sicher schon selbst festgestellt: Po ist nicht gleich Po. Es gibt nicht weniger als zehn verschiedene Ausprägungen des Allerwertesten. Fachleute beschäftigen sich seit jeher damit, ob gewisse Po-Vorlieben auf bestimmte Charaktereigenschaften schließen lassen. Ich glaube zwar, daß die Vulgärpsychologie pomäßig ins Schleudern kommen müßte, aber es gibt tatsächlich Untersuchungen, denen zufolge Männer, die große Po's lieben, „gute Organisatoren und engagierte Familienväter" sind. Kleine Hintern werden von Männern bevorzugt, die unpraktisch veranlagt sind, aber philosophische Qualitäten haben. Na ja. Da geben die erotischen Qualitäten des Hintern schon mehr her. Hier kann ich nur eins raten: Männer aller Länder entdeckt den weiblichen Po als heiße erogene Zone! Auch wenn der Po während gewisser Liebespositionen Ihrem Gesichtsfeld entschwindet, hat er doch seinen festen Platz in der Hitliste der Scharfmacher. Die Nervengeflechte der Analregion überlappen sich teilweise mit jenen Nervengeflechten, die am Orgasmus mitbeteiligt sind. Guter Po, du gehst so stille und bist doch eine sexuell hochsensible Zone mit leicht entfachbarer Lust...

Die Magie des Moments

Gehen wir davon aus, daß der „Quickie", also der schnelle Liebesakt ohne Vor- und Nachspiel, schon seit Menschengedenken existiert. Ich weiß, daß es viele gibt, die die schnelle Lust schlichtweg unzumutbar finden. Für mich persönlich ist Quickie nicht gleich Quickie. In meinen Augen gibt es Minus- und Plus-Quickies.

Typisch für einen Minus-Quickie ist, daß nur einer Lust auf eine Blitzattacke hat und daß sie nicht von zügelloser Leidenschaft, sondern von Bequemlichkeit bestimmt ist. Ein Minimum an Aufwand soll ein Maximum an Spaß bringen. Es ist wie Selbstbefriedigung, nur weniger eindeutig.

Der positive Quickie hat mit dem negativen Quickie nur die Kürze und die Ortsgebundenheit gemeinsam. 40 Sekunden Sex müssen nicht immer eine demütigende oder deprimierende Angelegenheit sein. Der Unterschied zwischen dem negativen und positiven Quickie besteht in der gemeinsamen Lust. Beim positiven Quickie wollen beide riechen, berühren, spüren und sich auflösen. Egal wo, egal unter welchen Umständen. Wenn beide wollen, lösen sich Formen, Zwänge und die Unbillen des Alltags in nichts auf. Es zählt nur eines: Man will es sofort, ohne Rücksicht, ohne Einschränkung, ohne Form. Hier und jetzt. Das zärtliche Vorspiel, die liebevollen Worte der Vorbereitung, der Charme der einleitenden Andeutungen, all diese vertrauten Kategorien und Rituale des Sex sind unbedeutend. Diese Entrücktheit des Empfindens macht die Magie des Moments aus. Ein solcher Quickie ist mehr als eine flüchtige, bequeme Nummer. Ein Quickie dieser Art ist ihm wahrsten Sinne des Wortes die Verkörperung unserer intensivsten Gefühle und unseres Daseins.

Der positive Quickie ist auch ein Akt ohne Netz: Keiner schützt sich mit Spielregeln, keiner spielt dem anderen etwas vor. Wer einmal so ein Aufeinanderprallen erlebt hat, weiß den positiven Quickie genauso zu schätzen, wie er den negativen Quickie ablehnt.

Wir Frauen sind nicht immer und grundsätzlich gegen einen Schnellschuß. Wir spüren ganz genau, daß eine schnelle Umarmung nicht eine flüchtige Umarmung sein muß. Manchmal steckt in einem Quickie mehr Hitze, Leidenschaft und Befriedigung als in einem halbherzigen, langatmigen Szenario mit endlosem Blabla. Worauf es ankommt, ist eben die Magie des Moments, die einen spontanen Liebesakt nicht oberflächlich und erniedrigend, sondern zu einem kostbaren, exklusiven Ereignis macht. Der positive Quickie verheißt Lebensfreude, Selbstbewußtsein und Gefühlsintensität. Warum sollen wir darauf in einer Zeit, in der immer mehr über SLM (Sexuelles Lust-Mangelsyndrom) geklagt wird, verzichten?

Der erotische Blick der Frauen

Die Aussprüche der Tante Jolesch sind fest im Vokabular meiner Familie verankert. Den Spruch „Alles, was ein Mann schöner ist als ein Aff'" habe ich nicht nur jahrelang für eine Lebensweisheit meiner Großmutter gehalten, sondern auch geglaubt. Heute bin ich anderer Meinung: Wir Frauen haben den erotischen Blick bekommen. Arme Männer, Euch stehen schwere Zeiten bevor. Ihr werdet von uns kritisch taxiert und beobachtet. Und zwar nicht in bezug darauf, ob Ihr eine Frau erhalten könnt – das können die meisten Frauen selber. Wir checken, ob Ihr sexy seid. Bei dem, was uns ins Auge sticht, gibt es eine genetisch vorprogrammierte Reaktion.

Grundsätzlich gilt: Frauen reagieren spontan auf einen Männerkörper, der sich nach unten hin verjüngt. Natürlich sind ein kräftiger Unterarm, breite Schultern und ein praller Bizeps Sexsignale ersten Ranges.

Aber unbedingt notwendig sind Muskeln nicht. Es gibt Männer, die alles andere als einen muskulösen Körper haben und dennoch den Eindruck von Kraft und Herrlichkeit erwecken. Ich vermute, daß ihr Geheimnis ihr Gang ist: Je ruhiger der Oberkörper dabei bleibt und je weniger sich der Kopf bewegt, desto kraft- und eindrucksvoller wirkt man(n).

Abgesehen vom Gesamteindruck eines Mannes, bleiben Frauenblicke an seinem Gesicht hängen. Die Lippen sollen zum Reinbeißen, die Zähne zumindest gepflegt sein. Der Joker in einem Männergesicht sind die Augen. Wir schauen Dir in die Augen, Kleiner! Der gewisse Blick, der nur eine Spur länger als drei Zehntelsekunden dauert, bringt einen Mann weiter. Dauert er wesentlich länger, bringt er ihn um. Dann wird er als unangenehmes Starren empfunden und mobilisiert unsere Abwehr. Sollten Sie dichte Brauen haben, sind Sie ein Glückspilz. „Ich bekomme sofort weiche Knie, wenn ein Typ starke Brauen hat", gestand mir erst unlängst Jana. Dichte Brauen sind ein Dominanzsignal und ein Fressen für Frauen mit einem Faible für starke Männer. Ein Großteil der Faszination von Clark Gable war meiner Meinung nach auf das ausdrucksvolle, differenzierte Spiel seiner Brauen zurückzuführen.

Auch Männerhände sind ein wichtiger Blickpunkt für uns: Die Hand ist das erste und letzte fremde Liebesorgan, mit dem eine Frau Kontakt hat. Die Vorstellung, von dieser bestimmten Hand bestimmte Zärtlichkeiten zu erfahren, wirkt sexuell anregend. Ich verrate Ihnen noch einen Grund für das heftige Interesse mancher Frauen an Männerhänden: Nach der Konstitutionslehre Prof. W. Schlegels läßt der Handumfang auf das beste Stück des Mannes schließen. Je größer der Handumfang, desto größer sein Lustorgan.

Auch oder gerade dieser Körperteil kann ein magischer Anziehungspunkt sein. Wenn ein Mann gut gebaut ist, sollte er öfter Jeans ohne Unterhosen tragen. Durch den festen Stoff wird der Liebesdiener in eine Art Pseudo-Erektion gebracht. Natürlich fällt unser Blick auch auf den Allerwertesten. Nicht fett soll er sein, bitte schön, kräftig gewölbt, aber schmal in den Hüften, das verheißt sexuelle Agilität.

Eine liebe Freundin grübelte unlängst: „Ich fürchte, daß es die Männer nicht aushalten, Objekt zu sein. Sie sind ja nicht gewohnt, erotisch taxiert zu werden." Stimmt. Aber sie müssen sich an unseren erotischen Blick gewöhnen. Deswegen verlernen wir ja noch lange nicht, auch mit dem Herzen zu sehen ...

Vorsicht mit dem Dreierzügel

Leugnen ist sinnlos: Fast jeder Mann und auch Frauen träumen von der Liebe zu dritt. Aber ich warne Sie – das berühmt-berüchtigte Dreierzügel ist nicht nur wegen der notwendigen körperlichen Koordinationsfähigkeit kompliziert, es gibt auch jede Menge Gefühlsverstrickungen.

Bereits beim Einfädeln eines Dreiecks ergibt sich ein beachtlicher Schwierigkeitsgrad – vor allem dann, wenn der oder die Dritte oder gar beide Partner vom Reiz der Liebe zu dritt erst überzeugt werden müssen. Die nächste Hürde ist beim praktischen Arrangement zu nehmen: Wie legt Man(n) es an, mit vier Brüsten statt mit zwei Schenkeln umzugehen? Wie verteilt man die aktiven und passiven Rollen? Der Sexualforscher

Friedrich Karl Forberg machte sich die Mühe und kam auf 15 verschiedene Kombinationen! Wer kommt da nicht ins Schleudern? Ganz zu schweigen von der reichlich verknoteten, emotionalen Lage.

Das Lustspiel zu dritt, bei dem zwei Frauen sich miteinander amüsieren und den Mann mit einbeziehen, birgt Sprengstoff für jene Frau, die das Vergnügen des Mannes mit eifersüchtigen Augen verfolgt. Gefühlskrisen sind vorprogrammiert. Auch auf der Ebene der Rivalität sind Schwierigkeiten zu erwarten. Da sich in der patriarchalischen Gesellschaftsordnung 90 von 100 Triolen aus zwei Frauen und einem Mann zusammensetzen (im Matriarchat bestand ein fideles Trio noch aus zwei Männern und einer Frau), äußert sich der Konflikt vorwiegend in einem beinharten Konkurrenzkampf zwischen den zwei Frauen: wen berührt „er" öfter, wen zärtlicher? Bei wem stöhnt er lauter? Soweit ich Details in Erfahrung bringen konnte, ist einer immer der Dumme. Entweder er kommt sich vernachlässigt, überfordert oder überflüssig vor. Für einen Mann kann es zu einer Begegnung mit jenem Teil des Ich kommen, den er sonst verdrängt. Vielleicht stellt er fest, daß er in puncto Potenz doch nicht soviel drauf hat, wie er dachte. Oder es regen sich Besitzansprüche, die er nie in sich vermutet hätte. Am häufigstem verdrängt wird jedoch die Tatsache, daß die Triole eine Möglichkeit ist, mit seiner eigenen Homosexualität konfrontiert zu werden.

Sie sehen – nichts wie Schwierigkeiten. In den meisten Fällen ist die Phantasie heißer und schöner als in der Realität, in der sich ein Spiel zu dritt oft als mühsam, kompliziert und anstrengend erweist. „Es ist ungefähr so", erklärte mir unlängst einer, der es wissen muß, „als würde man von einem Jaguar und einem Motorrad träumen. Dann hat man beide Fahrzeuge, muß sie aber gleichzeitig von Klagenfurt nach Wien fahren."

Kann jeder Mann?

Männer, bitte herhören! Was bisher als Privileg für uns Frauen galt, soll auch Euch gegönnt sein: der multiple Orgasmus. Die Sexforscherin Dr. Marianne Dunn, die ein Projekt der Universität Uppsala und der State University New York leitet, spürte 21 Männer auf, die es auf 16 Orgasmen hintereinander bringen. Alle Achtung. 13 der Begnadeten waren schon bei ihrem sexuellen Debüt zu Serienorgasmen fähig, alle anderen waren Spätberufene und erst mit 40, einer gar erst mit 55 zu dem Ritt von Gipfel zu Gipfel in der Lage. Die dazugehörigen Frauen, die von den Sexforschern ebenfalls befragt wurden, konnten vor Begeisterung kaum an sich halten: Innerhalb von 15 Minuten bis zu zwei Stunden brachten es die Herren auf mindestens zwei und maximal 16 Höhepunkte. Die Methoden und Tricks, mit denen die Orgasmus-Multis arbeiten, will ich Ihnen nicht vorenthalten:

1. Konsequentes Training
2. Reizverminderung kurz vor dem „point of no return"
3. Entspannungstechniken
4. Geistige Ejakulationskontrolle und
5. das Wichtigste: Halten Sie das gute Stück warm! Huschi kalt darf „ihm" um Himmels willen nicht werden. Dann sackt er prompt in die Lustlosigkeit ab, die die Götter des Eros bisher nach getaner Arbeit für ihn vorgesehen hatten. Die Empfehlung: Belassen Sie ihn dort, wo er bei wiederkehrenden Kräften gleich wieder aktiv werden kann.

Was mir an der Sache zu denken gibt: Werden nun auch die Männer der Versuchung ausgesetzt sein, im Bett zu bluffen? Da ein Teil der multiplen Orgasmen nicht mit Ejakulationen verbunden, sondern trocken ist, würden sie sich unserer Kontrolle entziehen. Die Schmeichler könnten behaupten: „So oft wie mit dir, habe ich es noch nie erlebt." Das hört man gern, keine Frage. Die Angeber könnten so tun, als würde ihr Talent die Partnerin überfordern. Und die Lustlosen könnten ein ermüdendes Verfahren mit einer markierten Orgasmusserie beenden. Uff, das wäre überstanden.

Ich hoffe sehr, daß die Männer auf ein erotisches Verwirrspiel verzichten. Das sexuelle Miteinander ist auch ohne Theater schwierig, aber auch schön genug. Und was sexuelle Notlügen anlangt: Es gibt genügend Intimsituationen, in denen man die Wahrheit sowieso nicht sagen darf.

Übrigens: Die Sexforscher vermuten, daß die Dunkelziffer der Männer, die es genauso gut bringen, relativ hoch ist. Diesbezügliche Informationen werden erwünscht. Falls Sie dazu etwas beizutragen haben – ich leite es gerne weiter.

Den Seinen gibt's der Herr im Schlaf

Sie haben 30 Sekunden Zeit, um zu erraten, was ich meine:

Es passiert nachts. Häufig dann, wenn schon lange nichts passiert ist. Manchmal geschieht es, ohne daß man weiß, warum. Einige sind irritiert darüber, weil sie es bei Tag nicht so leicht erleben. Viele wundern sich, daß sie es nachts erleben, wo sie es doch unmittelbar vorher auch erlebt haben.

Bravo! Sie haben es erraten – die Rede ist vom nächtlichen Orgasmus. Wie ich immer wieder höre, ist der traumhafte Höhepunkt vor allem eine Spezialität der Frauen: Sie „können" es öfter und besser als die Männer, werden deswegen aber häufig von Skrupeln geplagt. Um die 20 passiert „es" einem Mann etwa einmal monatlich im Schlaf. Ab 30 ereignet sich der nächtliche Orgasmus nur noch als Einzelfall. Ein Mann hat zwar im Laufe einer nächtlichen Schlafperiode mindestens sechsmal eine Erektion, die jeweils fünf bis zehn Minuten lang anhält. Aber die Mehrzahl dieser Erektionen verläuft unbemerkt. Eine Frau kommt auch noch im reifen Alter häufig in den Genuß eines nächtlichen erotischen Leckerbissens: 37 Prozent der 45jährigen Frauen finden immer wieder traumhafte Entspannung. Daß Frauen zum Traumland der Lust öfter Zugang haben, wundert mich nicht. Sobald ein Mann sexuell aktiv wird, ist ihm der Orgasmus so gut wie sicher. Seine Störungsanfälligkeit liegt nicht in der Orgasmusfähigkeit, sondern darin, eine Erektion zu bekommen und aufrechtzuerhalten. Eine Frau ist zwar immer „bereit", aber sie muß die orgastische Reaktion erst lernen. Dieses Lernen wird durch moralische Einschränkungen, Unsicherheit und Ängste erschwert.

Im Schlaf hindern Sie weder Gewissensregungen noch körperliche Verkrampfungen daran, abzuheben. Ob es nun ein Traum ist, der die Signale zum Erklimmen zum Gipfel der Lust gibt, ob es ein Triebstau ist, ob durch verstärkte sexuelle Frequenz eine Übersensitivität entsteht oder ob Impulse am Werk sind, die durch die Bettwärme oder eine bestimmte Körperhaltungen ausgelöst wurden – keine „Zensur" kann den Orgasmus im Schlaf vereiteln. Sogar dem Frömmsten der Frommen gibt's der Herr im Schlafe. Die Schilderungen der vermeintlichen religiösen Ekstase sprechen eine beredte Sprache. Die heilige Teresa zum Beispiel berichtet von einem Engel, „dessen goldene Speerspitze in ihr Innerstes drang", so daß sie „mehrere Male laut aufstöhnte ... so überwältigend war die Süße, daß ich wünschte, sie solle nie aufhören".

Wenn Sie das nächste Mal im Schlaf Mount Eros besteigen, lassen Sie sich deswegen keine grauen Haare wachsen. Genießen Sie das erotische Schmankerl. Es ist keine Sünde, kostet nichts, und es ist sogar gesund ...

Die Macht der Impotenz

Unlängst lernte ich eine 38jährige Frau kennen – nennen wir sie Elke –, die mir ein Sexproblem anvertraute, dem ich in letzter Zeit immer häufiger begegne. Elke erzählte: 16 Jahre hat sie – „typisch Frau", wie ihr Mann Leo meint – nicht wirklich etwas vom Sex gehabt. Elke wurde von Leo von Arzt zu Arzt geschickt. Man bestätigte Elke, daß sie durch und durch gesund sei und daß sie, bei einigem „Wollen", durchaus „können" müßte. Zweimal begleitete Leo seine lustlose Elke sogar selbst zum Arzt. Mit dieser heroischen Haltung machte er nach allen Seiten hin Eindruck: Er, der Benachteiligte, der sich schon seit Jahren mit dieser kalten Leberwurst herumplagen muß, zeigt noch immer ungebrochene, sexuelle Bereitschaft! Wahrhaft ein Supermann.

Dann passierte Folgendes: Elke machte eine Kur,

und es geschah, was schon dem alten Goethe während einer Kur widerfuhr – sie verliebte sich. Und siehe da, mit dem Kurschatten, ein verheirateter Mann übrigens, der ihr nie Hoffnungen auf eine Fortsetzung des Techtelmechtels machte, war Elke alles andere als lustlos. Die Geschichte ist noch nicht zu Ende. Elke wollte ihre neuen Erfahrungen in ihre Ehe einbringen. Aber Leo, 16 Jahre an ein (für wen?) bewährtes, sexuelles Verhalten gewöhnt, bockte: Warum wollte Elke „es" ausgerechnet so? Wozu das überflüssige, zusätzliche Gefingere? Genügt nicht sein herrlicher, allzeit bereiter Himmelschlüssel, um ihr das Tor zum Paradies zu öffnen? Und dann dieses lächerliche Gerede vorher, das sich Elke plötzlich wünschte. Nein, da bleiben wir schon bei unserem bisherigen Drücki, gell, Schatzi? Elke wollte nicht dabei bleiben. Daraufhin wurde Leo impotent. Sein beleidigter Pendel wies Elke in ihre Grenzen und wehrte jeden ihrer Ansprüche ab. Was Leo nicht aussprach, drückte sein schlaffer Penis aus: In unserem Schlafzimmer tickt die Uhr nach meinen Vorstellungen! Natürlich hat sich für Leo wieder alles eingerenkt – Elke „spinnt" nicht mehr. Sie hat also resigniert, und Leo erntet für seine, dadurch wiederhergestellte, sexuelle Bereitschaft die Lorbeeren männlicher Vitalität.

Ich glaube die Geschichte spricht für sich. Ich möchte ihr nur eins anfügen: Die grassierenden, männlichen Erektionsstörungen beinhalten immer auch eine Botschaft. Der müde Knecht, der sich nicht erheben will, fordert mit seiner Verweigerung, daß sich die Partnerin gefälligst mehr um ihn und seine Ansprüche kümmern soll. Üblicherweise tut sie das mit größtem Eifer, denn wenn „er" nicht kann, glaubt „sie" als Frau zu versagen. Damit ist für gewöhnlich der alte Stand wiederhergestellt: Er ist der Supermann, der es immer bringt, aber mit einer lustlosen Frau geschlagen ist . . .

Die Wonnen der Passivität

Kein Finger verkrallt sich im Rücken des Geliebten. Kein Aufbäumen des Körpers. Kein Schrei. Nur ein kaum hörbares Flüstern: „Ich sterbe."

Was für ein Widerspruch.

In dem Augenblick, in dem Lust den Körper einer Frau überflutet, ist sie so lebendig wie nie. Auch wenn sie vermeintlich passiv ist, ist sie alles andere als schlaff. Das betäubende Gefühl des gewollten Mit-sich-machen-Lassens setzt eine ordentliche Portion Aktivität voraus.

Nach einer Premiere von Bert Brechts „Dreigroschenoper" ging mir die letzte Zeile des Liedes der Polly nicht aus dem Sinn: „Ja, da muß man sich doch einfach hinlegen."

Ach, Polly, wie recht du hast!

Haben wir doch endlich den Mut dazu, uns hinzulegen, passiv zu sein, in unserem Sinne! Passivität darf doch nicht immer mit Schlaffheit und Unterordnung gleichgesetzt werden. Das Gegenteil ist der Fall: Sexuelle Passivität ist etwas höchst Aktives. Ein konkretes Beispiel: Stefan öffnet Katrins Bluse, streichelt ihre Brüste und küßt jeden Zentimeter ihrer Haut. Stefan befindet sich ohne Zweifel in der aktiven Rolle. Aber auch Katrins Begehren ist höchst aktiv und fordert ihre ganz vitale Verausgabung. Oberflächlich betrachtet „macht Stefan alles". Tatsächlich aber sind Katrins Begehren und Hingabe genauso potentiell aktiv. Wie viele Frauen wußten und wissen seit jeher, daß sich hinter ihrer Passivität eine Wucht von Gefühlen verbirgt! Aber warum stehen wir dann nicht selbstbewußt zu dieser Erlebnisform? Warum versuchen wir immer wieder, unsere sexuellen Empfindungen zu „bewirtschaften", indem wir uns bemühen, den von allen Seiten kommenden Aufforderungen nach noch mehr Einfällen und Aktionen beim Sex nachzukommen? Obwohl sich nur bewußtes sexuelles Handeln grundsätzlich gegen das sexuelle Fühlen einer Frau richtet! Hektisches Herumturnen im Bett ist vielleicht gut für die Kondition, die Erregung fördert es nicht.

Ich werde den Verdacht nicht los, daß wir mit einer bewußt eingesetzten sexuellen Aktivität die männlichen Vorstellungen von weiblicher Leidenschaft erfüllen wollen. Viele Männer legen Wert darauf, „daß im Bett etwas los ist", daß es „action" gibt. Die männliche Vorstellung von weiblichem Genuß und weiblicher Leidenschaft richtet sich nach sichtbaren körperlichen Resultaten, wie sie Männer mit ihrer Erektion und Ejakulation erbringen. Nicht zufällig hat Woody Allen in seinem Film „Was Sie schon immer über Sex wissen wollten" den Penis als Flugzeug dargestellt und die Samenfäden als Fallschirmspringer, die darauf warten, im Moment der Ejakulation loszusprinten. Das ist „action", da „tut" sich was! Aber was „tut" sich bei einer Frau? Keine sichtbare Erektion signalisiert ihr Begehren, kein äußeres Organ kann so wie beim Mann aktiv werden. Weibliche Erregung entzieht sich den Blicken und ist nicht immer mit Aktivismus verbunden.

Wenn ich also für die sexuelle Passivität plädiere, dann meine ich nicht eine zahnlose, kastrierte weibliche Sexualität. Ich meine ein selbstbewußtes, passives Auskosten der Lust, das sich gegebenenfalls weder zu Gegenleistungen noch zu spektakulären Darbietungen verpflichtet fühlt. Wenn Sie nur dann gierig zupacken, provozieren, toben, anfeuern, schreien oder beißen, wenn Ihnen wirklich danach ist, kann sich im rechten Augenblick auch die ganze Wonne des süßen Nichtstuns entfalten. Für Sie ebenso wie für den

Mann, der noch sehr viel mehr als wir Frauen lernen muß, die hohe Kunst der Passivität für sich in Anspruch zu nehmen ...

Warum Männer Komplimente brauchen

Ach, wie ich Komplimente liebe. Wenn ich mich mies fühle und es sagt mir jemand, daß er sich freut, mich zu sehen, weil er mit mir immer so gut lachen kann, geht es mir schlagartig besser. Kaum spür' ich das Positive, das jemand für mich empfindet, steht's mit mir tatsächlich so.

Ein ehrliches Kompliment ist wie eine Bildentwicklung, durch die ein schwaches Negativ deutliche Konturen bekommt. Isadora Duncan behauptete, daß D'Annunzios legendäre Erfolge bei Frauen auf seine Fähigkeit, Komplimente zu machen, zurückzuführen waren: „Sich mit einer solchen Verzauberung loben zu hören, wie sie D'Annunzio eigen war, ist jeder Wonne vergleichbar", berichtet die schöne Tänzerin.

Ganz meiner Meinung, Isadora! Nette Worte, ehrliche Liebenswürdigkeiten sind wie ein Zaubertrank. Sie verwandeln einen Menschen augenblicklich, sie machen stark, schön und glücklich. Von dieser Wirkung ist niemand ausgeschlossen. Auch Sie nicht. Und wenn Sie noch so hartnäckig behaupten: „Ich brauche keine Komplimente" – Sie brauchen sie ja doch.

Frauen brauchen Komplimente, aber Männer brauchen sie noch viel mehr. Jede Frau hat schon einmal die Erfahrung gemacht, daß man von einem Mann buchstäblich alles haben kann, wenn man ihm nur um den Bart streicht. Beamte verlängern die Amtsstunden, Fremde schleppen sperriges Gepäck quer durch die Stadt, und spröde Liebhaber werden streichfähig wie zimmerwarme Butter. Ich stelle immer wieder fest, daß die Frauen, die bei Männern oft die unbegreiflichsten Erfolge haben, nicht besonders schön oder besonders sexy sind – sie verstehen es, Männern zu schmeicheln. Aber warum sollen sie es nicht tun? Männern fällt das Geben immer noch schwerer als Frauen, sie sind daher auf Komplimente besonders angewiesen. Was immer Sie an einem Mann loben – seinen Humor, seine Geschicklichkeit oder seine Stimme –, in dem Augenblick, indem Sie anerkennende Worte darüber verlieren, machen Sie aus einer Zufälligkeit einen Reichtum, mit dem Man(n) die, die sich ganz offensichtlich darüber freuen, beschenkt. Und hat er erst einmal festgestellt, daß das Gefühl des Gebens schön ist, macht er auch auf anderem Gebiet weiter. Plötzlich begreift er, daß ein Besitz, den niemand haben will, nichts nützt. Erst der Reichtum, mit dem man jemanden beschenken kann, macht wirklich reich. So lernen Männer geben. Mag sein, daß dies einer der Gründe ist, warum wir alle, Männer noch mehr als Frauen, Komplimente lieben und brauchen. Sie machen nach allen Seiten glücklich – denjenigen, der sie bekommt, und den, der sie macht ...

Traumland der Lust

Wer weiß es nicht: Erotische Phantasien sind für Männer eine Selbstverständlichkeit. Besonders blumig sind Männerphantasien allerdings nicht – meistens drehen sie sich um die Ekstase der Frau. Uns Frauen fliegen Phantasien nicht so spontan an wie Staub von der Straße. Ich stelle sogar immer wieder fest, daß Frauen sich für Phantasien schämen, sie unterdrücken oder leugnen. Aber woran denkt eine Frau, wenn sie selbst Hand anlegt? An Donald Duck? An Alf? Nein, auch in unseren Köpfen existieren erotische Bilder. Und was für welche noch dazu! Blumiger, phantastischer und vielfältiger als die der Männer. Dr. Uwe Hartmann von der Medizinischen Hochschule Hannover ermittelte erst unlängst die häufigsten Frauenphantasien:

- Sex mit dem eigenen Partner oder einem Fremden: Der Traummann ist der perfekte Liebhaber, der genau weiß, wonach sich eine Frau sehnt.
- Gruppensex: Hinter der Gruppensexphantasie steckt der uralte Wunsch, beim Sex zuzuschauen. Erschrecken Sie nicht – dieser Schlüssellochaspekt schlummert schon im kleinen Kind, wenn es versucht, durch das Schlüsselloch ein bißchen etwas vom Intimleben der Eltern zu erhaschen.
- Liebe mit einer Frau: Zu dieser ebenso häufigen wie irritierenden Phantasie kommt es durch die Vorstellung, daß niemand besser über die empfindsamen Punkte des weiblichen Körpers Bescheid weiß als eine Frau.
- Sex in freier Natur – das hat etwas. Erst recht Sex auf einer Party oder beim Abendessen mit dem Chef. Ich vermute, daß hinter der Phantasie von Sex in freier Natur der unbewußte Wunsch steckt, die

Erotik bis zu ihrem natürlichen Ursprung zurück zu verfolgen. Die Phantasie über Sex an öffentlichen Orten verschafft den Kitzel, ertappt zu werden.

- Sexerinnerungen: Ein aufregender Kuß, eine heiße Liebesstunde – jedes tolle Sexerlebnis, das Sie irgendwann einmal gehabt haben, kann zu einem Lustauslöser werden, den Sie bei Bedarf aus Ihrer Erinnerung holen können.

Übrigens: Über die Erinnerung gelingt es auch phantasiegehemmten Frauen, erotische Vorstellungen zu aktivieren. Probieren Sie's doch einmal! Befreien Sie ihre gefesselte Phantasie, und ich verspreche Ihnen, daß Sie mehr als bisher vom Sex haben. Wenn Ihnen nämlich erotische Bilder durch den Kopf geistern, werden Sie nicht von Hemmungen, Ängsten oder störenden Gedanken abgelenkt. Außerdem ermöglicht oft erst die Phantasie, was zärtlichen Händen und Lippen nicht gelang. Aber Phantasien zulassen zu können ist eine Sache, mit dem Partner darüber zu sprechen eine andere. Wenn Ihnen das auch noch gelingt, ist es damit genauso wie mit dem Sex: Geteilte Lust ist doppelte Lust . . .

Der Reiz der Fremdheit

Nonstop beisammen sein. Seelische Übereinstimmung bis zur Sprachlosigkeit. Maximaler körperlicher Gleichklang. Null Differenzen. Nur Nähe, Nähe, Nähe. So kannten wir alle Nina und Andreas. Ein Traumpaar. Ein fleischgewordenes Liebesbekenntnis. Ich

war nicht die einzige, die mit Beklemmung beobachte-
te, wie Nina und Andreas in jeder Situation „ein Herz
und eine Seele waren". Um so überraschender Ninas
tränenreiches Geständnis. „Andreas hat keine Lust
mehr, mit mir ins Bett zu gehen."

„Und du, hast du Lust, mit Andreas zu schlafen?"
will ich, aus einer bestimmte Vorahnung heraus, wissen. „Ja. Nein. Eigentlich erst wieder, seit Andreas
nicht mehr will." Habe ich es mir doch gedacht: Nina
und Andreas waren zu sehr eins.

Eine hymnische Dauerbejahung der Nähe und
Harmonie hat oft ihren Preis: Das sexuelle Begehren
läßt nach, manchmal verschwindet es überhaupt. Wie
gut ich die Enttäuschung darüber verstehe! Da erlebt
man endlich das Außergewöhnliche einer großen Liebe, da ist man ganz und gar von der Sehnsucht durch-
drungen, mit dem anderen eins zu werden – und trotzdem gibt es eine Bauchlandung. Nicht trotzdem, gerade deswegen!

Durch eine Überdosis an Bindung und Nähe entsteht so etwas wie Inzestscheu, die das Begehren tötet.
So wie es die enge Bindung zu Mutter, Vater und den
Geschwistern nicht „zuläßt", daß Begehren aufkommt, so kann auch eine allzu enge Bindung zu einem Partner das sexuelle Begehren oft nicht mehr zulassen. „Brudermann" und „Schwesterfrau" haben
einander zwar unheimlich lieb, aber in puncto Sex läuft
nichts mehr.

Sowohl in Leserbriefen als auch von den Anrufern
in meinen „Hot-line"-Sendungen höre ich immer wieder, daß erotische Spannung seltsamerweise um so
eher aufkommt, wenn zwischen einer Frau und einem
Mann nicht ein Übermaß an Bindung, sondern sogar –
erschrecken Sie jetzt nicht – ein bisserl Fremdheit existiert.

Ich bin eine große Verfechterin davon, auch – oder

gerade – im Rahmen einer Liebesbeziehung eine gewisse Distanz zu bewahren. Natürlich ist es nicht leicht zu bestimmen, was nun die richtige Distanz ist. Zuviel darf es ja nicht sein, das ruiniert die Liebe. Zuwenig soll es aber auch nicht sein, denn daran erstickt sie. Was also ist das richtige Maß? Ich glaube, daß das Distanzproblem zum Großteil gelöst ist, wenn Sie nicht nach dem Maß fragen, sondern nach Ihren ureigensten Wünschen, Bedürfnissen, Interessen und Grenzen. Nirgends steht geschrieben, daß einer für den anderen jede Sekunde seines Lebens dasein und immer wie der andere denken und fühlen muß. Viele Frauen und Männer neigen zu diesem Verhalten, weil der Partner „will, daß man sich ganz auf ihn einstellt". Na und? Soll er doch wollen! Diesen kleinkindhaften Anspruch („Wenn ich schreie, bekomme ich sofort das Flaschi") haben häufig gerade diejenigen, denen das Zeug zum Werben und Balzen fehlt: Das Einssein mit dem anderen, der durch seine Einfühlung sowieso immer gleichgestimmt ist, macht ja Werben überflüssig. Aber ein(e) werbende(r), balzende(r) Partner(in) bleibt in seiner/ihrer erotischen Ausstrahlung aufregender und interessanter als eine(r), für den/die sowieso immer alles paletti ist.

Nein, ich kann Sie gar nicht oft genug dazu animieren, ruhig ein bisserl Fremdheit zuzulassen. Lieber ein Alzerl Distanz, lieber ein kurzfristiger Abriß der Bindung, lieber ein Moment Unverständnis und Alleinsein, als eine inzestuöse Bindung, die dann die intimste Begegnung – die sexuelle – nicht mehr erlaubt.

Protest im Herrenslip

Karl, der nicht mehr ganz jung, aber als gut aussehender und erfolgreicher Junggeselle die Krone der Schöpfung zu sein glaubte, dem die schönsten Mädchen zu Füßen lagen, wurde von seinem Liebesdiener schmählich in Stich gelassen: Karl war impotent. Daran änderte weder ein Busenumfang von 104 cm etwas, noch hüftlanges, blondes Engelshaar und schon gar nicht gutes Zureden. Natürlich konnte sich Karl nicht damit abfinden. Konsequent und ehrgeizig, wie er ist, ging er den Weg aller Pimmelgeschädigten und suchte professionelle Hilfe.

Als erstes ging Karl zu einem Arzt. „Essen Sie wenig Fleisch, viel Vitamine und jeden Morgen ein Müsli", meinte dieser. „Joggen Sie, stellen Sie das Rauchen ein und gehen Sie vor Mitternacht schlafen." Karl befolgte den weisen Rat und blieb impotent. Daraufhin ging er zu einem Sextherapeuten, der ihm empfohlen wurde. „Lassen Sie sich von ihrer Partnerin lange und ausgiebig liebkosen, aber nicht unter Druck setzen", empfahl dieser. „Aktivieren Sie Ihre Phantasien, sehen Sie sich gute Pornofilme an und lesen Sie erotische Literatur. In spätestens vier Wochen sind Sie wieder in Topform." Karls gutes Stück hustete dem Therapeuten etwas, aber erhob sich nicht einmal dabei.

Daraufhin konsultierte Karl einen Psychoanalytiker. Dieser legte Karl auf die Couch, vermutete, daß für die Impotenz seines Patienten frühkindliche Erlebnisse verantwortlich seien, und stellte ihm eine Erektion in vier bis fünf Jahren in Aussicht. So lange wollte Karl, der bereits seit etlichen Jahren in den besten Jahren ist, nicht warten. Er reiste zu einem angesehenen Heilpraktiker nach Deutschland, ließ sich homöopatische Mittel, Wurzeln und Blumenblätter verordnen und kehrte – impotent – wieder heim.

Auch seine zwei besten Freunde zog Karl ins Vertrauen. Der eine empfahl ihm, die Flaute dazu zu benützen, an andere Dinge zu denken und sich in der Politik zu engagieren. Der andere flüsterte ihm eine Adresse zu, wo man die unaussprechlichsten Wünsche erfüllt bekommt. Nachdem Karl auch noch diesen Opfergang ohne jedes Ergebnis hinter sich gebracht hatte, fand er sich mit seiner Niederlage ab. Seither nähert er sich den Frauen mit dem diskreten Charme des Impotenten. Gut so, Karl! Vielleicht gelingt es seinem geknickten Anhängsel, Karl dazu zu verführen, in Zukunft für Frauen nicht nur seinen Hosenschlitz, sondern auch sein Herz zu öffnen. Dann hat ihm sein streikender Pimmel etwas gesagt, was Karl noch von niemandem zu hören bekommen hatte: Irgendwann einmal kann man nicht lieben, wenn man nicht liebt ...

Die Lust, verschieden zu sein

Vor kurzem nahm ich an einer TV-Talk-Runde im Kölner Raum teil. Das Diskussionsthema – der Unterschied zwischen Mann und Frau – spaltete die Runde in zwei Lager. Die einen vertraten den Standpunkt, daß Frauen und Männer ganz gleich seien und das geschlechtsspezifische Rollenverhalten nur durch Erziehung und Gesellschaft entstehe. Die anderen, zu denen auch ich gehörte, behaupteten, daß es ja doch einen Unterschied zwischen Mann und Frau gebe, und zwar von Anfang an, festgelegt in den kleinen grauen Zellen unseres Gehirns.

„Wetten, daß Sie sich in einem Kabelgewirr genauso gut zurechtfinden würden wie ein Mann?" wollte man mir suggerieren. „Und Sie könnten auch Sex genauso wie ein Mann, wie eine Sache konsumieren." Ich will es aber nicht. Ich und all die anderen Frauen, denen es ergeht wie mir, wollen es wahrscheinlich deshalb nicht, weil schon im Mutterleib Hormone festlegen, ob das Gehirn männlich oder weiblich werden wird.

Erst kürzlich erregten Anne Moirs und David Jessels, zwei britische Mediziner, mit ihrem Buch „Brain-Sex" Aufsehen, in dem sie die unterschiedliche „Funktionsweise" des weiblichen und männlichen Gehirns erklären: Bekommt der ursprünglich weiblich angelegte Fötus viele männliche Hormone ab, bleibt wenig von seiner weiblichen Grundprägung übrig. Überwiegt dagegen der Einfluß der weiblichen Hormone, bleibt die weibliche Grundstruktur erhalten. Mir konnte man nie einreden, daß Mann und Frau völlig gleich seien. Jetzt sehe ich natürlich gerne bestätigt, was ich schon immer vermutete: Frauen sind Frauen und Männer sind Männer.

Ein Mann läßt sich kein graues Haar darüber wachsen, ob er aus einem Wald zurückfindet oder nicht. Für eine Frau ist das nicht so selbstverständlich. Ein Mann wird eine neu gelieferte Stereoanlage nehmen, den Kabelsalat entwirren und die Anlage installieren. Eine Frau wird die Gebrauchsanleitung lesen. Ein Mann ist für eine Frau Feuer und Flamme, hüpft mit ihr ins Bettchen, ganz außer sich vor Verlangen und Raserei – und ruft nicht mehr an. Eine Frau verliebt sich, gibt alles und kann nicht begreifen, warum er sich nicht mehr meldet, wo er doch so hingerissen war.

Männer aktivieren eben andere Gehirnareale als Frauen. Sie gehen dadurch anders an Probleme heran, nehmen die Umwelt anders wahr und reagieren anders. Nicht besser, wohlgemerkt. Anders! Männer ziehen zur Lösung abstrakter Probleme die visuellen Zentren, also die rechte Gehirnhälfte heran. Frauen schalten – und auch das ist typisch – die andere Gehirnhälfte dazu. Sie reagieren ganzheitlicher, komplexer, weniger automatisch.

Wieviel Kummer könnten wir uns ersparen, würden wir mit dem Wissen aufeinander zugehen, daß der andere in einer bestimmten Situation voraussichtlich nicht so wie man selbst reagieren wird. Nicht weil er einem unbedingt Böses will, sondern weil er nicht anders kann.

Zwischen Mann und Frau wird immer ein Rest Fremdes, Unverständliches, Trennendes bleiben. Der französische Philosoph Finkielkraut sagt, daß in dem Wort „Liebe" – amour – auch das Wort Mauer (mur) enthalten ist und daß im Liebesverlangen auch das Verlangen nach dieser Mauer steckt. Liebende berauschen sich immer nur an ihrem Unterschied, meint der Philosoph. Aber die „unendlichen Distanzen", die die Liebenden trennen, beherbergen auch die unbestimmbaren Reize, die uns immer wieder zueinander hinziehen.

Oder sind Sie da anderer Meinung?

Sag's nicht, Schatzi!

Spielen Sie auch schon das neue Gesellschaftsspiel „Raus mit der Sprache!"? Ich erlebe es in letzter Zeit immer öfter. Unlängst war ich zum Abendessen eingeladen. Wie so oft kam die Rede auf meinen Beruf. Schon waren wir mitten im Thema, nämlich beim Liebesleben meines Sitznachbarn und seiner Gattin. Bei der Suppe erfuhr ich, daß Susi höchst empfindliche Brustspitzen habe. Während der Hauptspeise wurde ich darüber informiert, daß sie seit dem Kind leichter zum Orgasmus kommt als früher. Beim Dessert setzte mein gesprächiger Nachbar zu einer ausführlichen Beschreibung über Susis Lustlaute an. „Sag's nicht, Schatzi", bat Susi kokett. Ihr Göttergatte lächelte freundlich in die Runde: „Sie gurgelt beim Orgasmus."

Das war erst der Anfang der Enthüllungsmanie. Etwas später berichtete eine resche Fünfzigerin, daß sie an Sex nie Gefallen gefunden habe und lieferte auch gleich die Erklärung dafür mit: Ihre Mutter habe sie zu früh aufs Töpfchen gesetzt. Dieser Zwang habe ihr ein für allemal den spontanen Genuß an jeder lustvollen Hingabe genommen. Hier hakte ein gut aussehender junger Mann ein und gestand seinen Berührungs-Horror. Streicheln kann er partout nicht ertragen. Nur Berührungen am, na ja, Sie wissen schon, könne er zulassen, seit er als kleiner Bub von sämtlichen weiblichen Familienangehörigen bis zum Überdruß geherzt, gedrückt und geküßt wurde.

Das war das Stichwort für eine hübsche Frau, die von ihrer unerfüllten Sehnsucht nach Zärtlichkeit erzählte. Nie sei sie genug liebkost worden, nie habe man ihr ausreichend Liebe geschenkt. Weder Papi noch

Mami waren zärtlich genug und schon gar nicht sind es die Männer, die sie kennenlernt.

Als wir nach Mitternacht auseinandergingen, wußte jeder von jedem eine Menge Intimes. Aber was da an Geständnissen ausgepackt wurde, hatte mehr mit Koketterie zu tun als mit dem Bedürfnis, den anderen besser kennenzulernen. Ich glaube nicht, daß man sich durch unerbetene Enthüllungen menschlich näherkommt.

Natürlich ist der Augenblick, in dem trennende Mauern fallen und man einem anderen Menschen eine Intimität anvertraut, ein schöner, verbindender Moment. Aber wenn über die intimsten Erfahrungen wie über Urlaubserinnerungen getratscht wird, stellt sich jede persönliche Erlebnisweise als Banalität dar. Wer von uns hat nicht seine Probleme mit Berührungen, wurde nicht zu früh aufs Töpfchen gesetzt und hätte in seiner Kindheit nicht mehr Liebe bekommen können? Der Gefühls-Tinnef, der da ausgebreitet wird, baut mehr Barrikaden auf, als er beseitigt ...

Sinnlichkeit ohne Sex

In der Werbung, im Alltag, überall locken Versprechen auf noch mehr Genuß und noch mehr Sinnlichkeit. Unzähligen Alleinlebenden wird dabei das Herz schwer: Wie kann man Sinnlichkeit erleben, wenn man keinen Partner hat? Man kann. Sinnlichkeit kann nämlich viel mehr sein als sexuelle Begehrlichkeit. Genuß-erlebnisse sind zwar an die fünf Sinne, also an das Hören, Riechen, Schmecken, Berühren und Sehen, nicht aber an einen Partner gebunden. Horchen Sie in sich hinein und fragen Sie sich: „Was sehe ich? Was rieche ich? Was fühle ich?" Durch diese Selbstbesinnung wird Ihre sinnliche Wahrnehmungsfähigkeit mobilisiert.

Viele der Dinge, die sinnlich stimmen, erinnern Sie vielleicht an Ereignisse, die Sie als kleines Kind glücklich machten. Die Rückkehr zu den seligen Zuständen der frühen Kindheit ist das geheime Wesen der Sinnlichkeit. Ein kuscheliges Bett vermittelt die tröstliche Behaglichkeit der Nestwärme. In einem lauwarmen Bad, bei dem das Wasser die Haut zärtlich umspült, kann man jene paradiesische Geborgenheit wiedererleben, die man als Ungeborenes, umspült von lauwarmem Fruchtwasser, im schützenden Leib der Mutter empfand. Auch Düfte können die Stimmung heben und das Alltagsleben sinnlich bereichern!

Daß Farben dem Leben größere sinnliche Qualität verleihen, ist eine Binsenweisheit. Der Farbhunger, der in jedem Menschen steckt, erklärt die Begeisterung, die Sie Jahr für Jahr im Frühling packt, wenn die winterlich graue Natur wieder Farbe bekommt. Sehen Sie sich doch einmal in Ihrer Umgebung um: Wieviel praktisches Grau begegnet Ihnen auf Schritt und Tritt, und wie wenig sinnenfrohe Farben erfreuen Ihre Augen! Knalliges Rot aktiviert, warme Rottönungen vermitteln ein Gefühl der Geborgenheit. Violettöne setzen dramatische Akzente, Blauschattierungen wirken beruhigend, und dunkle Töne fördern das Konzentrationsvermögen.

Daß Musik auf das sinnliche Empfinden einwirkt, ist auch bekannt. Es ist nicht nötig, daß Sie Musik „verstehen", entscheidend ist, daß Sie in der Musik „schwelgen". Das körperlich-seelische Wohlbefinden folgt dann von ganz allein.

Nicht nur in der Musik, auch in Gedichten, Bildern und Büchern schimmert ein Sinnesgenuß durch, der mehr befriedigen kann als leere körperliche Rituale mit einem Menschen, dem man sich gar nicht nahe fühlt.

Natürlich bestreite ich nicht, daß ein zärtlicher Kuß und eine liebevolle Berührung im höchsten Maße lustvoll sind. Aber auch nichtsexuelle Sinneserfahrungen können Genußerlebnisse ermöglichen. Gibt es wirklich einen Grund, darauf zu verzichten?

Die Anziehungskraft
des Ausziehens

Sich für die erste Liebesnacht schön anzuziehen ist eine Sache. Sich in der Stunde X auszuziehen eine andere. Wenn Hemmungen und Hüllen fallen, haben es Männer besonders schwer. Gerade diejenigen, die gewohnt sind, angezogen gute Figur zu machen, haben oft die größten Probleme damit, textilfrei zu agieren. Sollten Ihnen bei der ersehnten Sexpremiere nicht gerade von leidenschaftlichen Frauenhänden die Kleider vom Leib gerissen werden, bringe ich Ihnen noch einmal die Ausziehregel Nr. 1 in Erinnerung: Ziehen Sie sich immer von innen nach außen aus. Also erst weg mit der Krawatte. Dann raus aus dem Sakko, den Socken, Hemd und Hose. Glauben Sie ja nicht, daß es gleichgültig ist, wann Sie was ablegen. Halbbekleidete Männer wirken – im Gegensatz zu Frauen – oft belustigend. Ich erinnere mich noch ganz genau daran, daß wir uns als halbwüchsige Mädchen Männer, die uns aus dem Gleichgewicht bringen konnten oder die wir als Lehrer bzw. Vorgesetzte fürchteten, halb angezogen vorstellten. In Unterhosen und Socken waren sie Witzfiguren, über die wir lächeln oder gar lachen mußten. Verlassen Sie als Mann nicht das Zimmer, um sich, so wie Sie es vielleicht gewohnt sind, im Bad oder im Schlafzimmer fertig auszuziehen und nackto blanco zurückzukommen. Es könnte sein, daß es der Dame mit oben nichts und unten wenig ungemütlich wird und sie sich wieder anzieht, während sich der hoffnungsfrohe Liebhaber für das Finale bereit macht. Apropos Finale: Nur Männer ohne erotisches Feeling legen ihre Uhr nicht ab! Selbst die flachste Uhr verursacht Schmerzen, wenn sie sich bei einer Umarmung in einen zarten Rücken bohrt.

Ist für einen Mann schon das eigene Entkleiden kein Bimmerl, kann das Entblättern der Partnerin zum Spießrutenlauf werden. Dabei schätzen es die meisten Frauen, von ihrem Liebsten entkleidet zu werden! Wenn es soweit ist – ein Rat unter Freunden: Gekonntes Ausziehen beginnt schon lange vor dem ersten Zugriff! Beobachten Sie, was Ihre Liebste anhat, wo sich Knöpfe und Reißverschlüsse befinden. Es passierte nicht erst einmal, daß ein tatendurstiger Liebesdiener angesichts der verzweifelten Versuche seines Herrn, Haken und Knöpfe aufzuspüren, schlapp machte. Versuchen Sie erst gar nicht, einen Verschluß heimlich und unauffällig zu öffnen.

Sind Sie so weit, daß endlich die Hüllen fallen, gilt nun die umgekehrte Regel: Ziehen Sie Ihre Liebste von außen nach innen aus. Also erst die Kostümjacke, dann die Bluse und den Rock.

Auch wenn es Sie in den Händen juckt, öffnen Sie den BH nicht, bevor nicht das Darüber Ihrer Gefährtin gefallen ist. Ich weiß, daß sich Frauen nicht wohl fühlen, wenn der geöffnete BH aus dem Ausschnitt quillt oder als Knäuel die Körperkonturen deformiert. Macht nichts, wenn die Zeremonie lange dauert! Sie ist Teil eines Vorspieles, und Frauen genießen diese Intimität und Zärtlichkeit.

Vielleicht entblättern Sie als Frau sich selbst für Ihren Liebsten? Ach, wie das die Männer genießen! Denken Sie aber vorher daran, daß BH-Träger nicht zu knapp sitzen. Die dadurch entstehenden, roten Striemen bleiben mindestens eine Stunde lang sichtbar. Ein Dehnen, Strammen und Wegschleudern des Strumpfes können Sie sich sparen – es wirkt auf billige Weise professionell. Achten Sie darauf, daß Sie schöne Wäsche nicht schon ablegen oder sich ausziehen lassen, während Sie noch das Darüber anhaben! Merke, Schwester: Erst fällt das Darüber, dann erst das Darunter und zuletzt die Schuhe.

Daß der Anblick hauchzarter Dessous nicht nur das Auge des Mannes, sondern auch Ihr Körpergefühl stimuliert, wissen Sie ohnedies. Sexy Wäsche läßt sexy fühlen. Wer braucht da noch „tutti frutti" . . .

Zwischen zwei Feuern

Ein Mann zwischen zwei Frauen. Eine Frau zwischen zwei Männern. Nahezu jeder ist irgendwann einmal in seinem Leben in diesen Konflikt verstrickt: Man liebt die/den langjährige(n) Partner(in), aber den/die andere(n) liebt man auch. Man will auf den Menschen, mit dem einen Innigkeit und Zärtlichkeit verbindet, nicht verzichten, aber ohne den anderen kann man auch nicht sein.

Wer kennt nicht die Schmerzen des Liebesdreiecks! Nicht nur derjenige, der in einen Entscheidungsnotstand geraten ist, leidet höllisch, auch die beiden anderen. Die/der Geliebte leidet, weil sie/er die Demütigungen eines Lebens aus zweiter Hand nicht mehr erträgt. Die Ehefrau steht vor den Trümmern ihrer Ehe und Existenz, fühlt sich verraten und zweifelt an sich. Und wie geht's demjenigen, der im Kreuzfeuer dieser Gefühle steht? Beschissen.

„Selber schuld", sagt jetzt vielleicht der eine oder andere. Stimmt nicht. Man kann auch unschuldig in einen Entscheidungsnotstand kommen. Menschen, die als Kind im Zuge einer Scheidung zwischen den Eltern standen, passiert das häufig. Hätten sie sich damals eindeutig für einen Elternteil entschieden, hätten sie den anderen verloren. Diese innere Zerrissenheit kann sich wieder bemerkbar machen, sobald sich Gefühle auf zwei Partner richten und eine Entscheidung notwendig wäre. Wahrscheinlich liebt ein Mann, der zwischen zwei Frauen steht, die ursprüngliche Partnerin gar nicht mehr, sagen Sie jetzt.

Doch, er liebt sie nach wie vor. Aber die erste Glut der Leidenschaft ist verflogen. Die „andere" bringt diese Saiten wieder zum Klingen. Was als flüchtige, „rein körperliche" Affäre begann, vertieft sich bald. Erfüllter Sex stellt eben auch seelische Nähe her.

Auch aus Panik vor dem Alleinsein kann man in ein Liebesdreieck geraten. Wenn man lange Zeit niemanden hat und sich dann zufällig zwei Menschen für einen interessieren, ist man oft nicht fähig, eine souveräne Entscheidung zu treffen. Oder: Man hat nie gelernt, zu verzichten. Menschen, die „alles wollen", neigen dazu, sich ihre Bedürfnisse bei zwei Partnern zu erfüllen.

Sie sehen, wie leicht es passieren kann, zwischen zwei Feuer zu geraten. Aber wenn eine Dreierbeziehung über jene Entscheidungsphase hinausgeht, die man braucht, um sich über seine Gefühle klarzuwerden – was dann? Suchen Sie nach dem/der richtigen Dritten!

Zu schnell? Oder zu langsam?

Anita will. Fredie will auch. Aber wenn Anita so richtig in Fahrt wäre, hat Fredie bereits geduscht und seinen Pyjama angezogen. Bei Traude und Werner ist es umgekehrt: Bis Werner endlich seinen Höhepunkt erreicht, schläft Traude, satt und befriedigt, mindestens dreimal ein.

Zwei, die dasselbe Ziel anstreben, erreichen dieses leider nicht immer einträchtig und harmonisch. Kleine Unregelmäßigkeiten lassen sich ausgleichen, aber wenn einer von beiden ein Früh- und der andere ein Spätzünder ist, kann es Probleme geben. Relativ unkompliziert ist die Kombination schnelle Frau/langsamer Mann. Die weibliche Biologie macht es möglich, daß der Befriedigung des Mannes zumindest nichts im Wege steht. Soviel ich weiß, feuert eine Frau, die ihren Höhepunkt bereits hinter sich hat, ihren saumseligen Gefährten an und tut, was sie kann, damit auch er sich in Wohlgefallen auflöst. Sich nach dem eigenen Happy-end apathisch zurückzuziehen, bringt nichts: Die Liebe hört dann nimmer auf. Mit Fragen wie „Dauert es noch lange?" oder „Was ist denn heute mit dir los?"

wird zwar auch ein Ende provoziert, aber fragen Sie nicht welches. Der hinlängliche, männliche Penis ist äußerst sensibel, pariert strengen Frauenworten nicht und arbeitet nicht unter Zwang.

Bei der Kombination schneller Mann/langsame Frau steht es schlecht um deren Befriedigung: Selbst wenn er wollte, kann er nicht weitermachen, bis sie nachkommt.

Wenn es sich um einen sehr, sehr jungen Mann und eine sehr, sehr junge Beziehung handelt, ist ein Schnell-schuß keine Tragödie. Ein bißchen Zärtlichkeit genügt, und neues Leben blüht aus den Ruinen. Aber im Normalfall ist die Beziehung nicht mehr taufrisch und auch der Mann keine zwanzig mehr – die acht bis zehn Minuten, die er bis zum Gipfelsturm braucht, sind einer Frau oft wirklich zu wenig. Was dann? Variationen zur Vollendung der weiblichen Lust wären zwar auch zielführend, werden aber leider nicht praktiziert. Aber was spricht eigentlich dagegen, zwei unterschiedliche, sexuelle Rhythmen einander anzugleichen? Die Faust-regel dafür lautet: Das Vorspiel sollte etwa so lange dauern, wie beispielsweise die Frau bei der Selbststi-mulation braucht, um zum Höhepunkt zu kommen. Und das war's eigentlich, was ich heute anbringen wollte: Das gute, alte Vorspiel ist kein simples Aufwär-meprogramm, sondern eine wunderbare Möglichkeit, das sexuelle Empfinden zweier Liebender nach dem Reisespruch „Die Fahrt zum Ziel ist der halbe Spaß" anzugleichen ...

Wie sich Männer ausziehen ...

In meiner Bibliothek stehen unzählige Sex-Handbücher, in denen Männern Ratschläge gegeben werden, wie sie mit Frauen in der Stunde X umgehen sollen. Sie erfahren, daß man während eines langen Kusses den BH öffnet und dabei beachten muß, daß das Öffnen des Verschlusses nach unten hin erfolgt. Der lerneifrige Lover kann auch nachlesen, daß sich die suchende Männerhand besser seitlich und nicht von oben oder unten in die Bluse tastet und daß Strumpfhosen zwar praktisch, aber für die ersten erkundenden Zärtlichkeiten nicht geeignet sind. In keinem einzigen Buch finden sich Tips, wie sich der Mann selbst in der Stunde X ausziehen soll, wenn ihm nicht von leidenschaftlichen Frauenhänden die Kleider vom Leib gerissen werden. Alles dreht sich um die Entkleidung der Frau. Dabei ist der Mann in puncto Ausziehen selber ein armer Schlucker.

So schlecht kann sich keine Frau ausziehen, daß sie dabei nicht immer noch sexy wirkt. Wenn aber ein Mann mit todsicherem Griff alles in der falschen Reihenfolge ablegt, disqualifiziert er sich als Liebhaber noch bevor es zum Eigentlichen kam. Da ich aus vielen ehrlichen Frauengesprächen weiß, daß ein teilbekleideter Liebhaber bei seiner Gefährtin oft mehr die Lachmuskel als anderes reizt, sei hier einmal gesagt, wie sich ein Mann vor einer Frau ausziehen sollte. Fangen wir's an. Als eiserne Grundregel gilt: Pfeifen Sie auf Ordentlichkeit! Und wenn in der Hitze des Gefechtes Ihr Nadelstreifanzug tausendmal am Boden gelandet ist – lassen Sie ihn da liegen. Ein Mann, der kurz vor dem Liebesakt einen Kleiderhaufen sorgfältig auseinanderklaubt und seine Klamotten aufhängt, riskiert, daß sich's seine Angebetete doch noch anders überlegt. Nichts wirkt desillusionierender auf das weibliche Gemüt, als wenn ein Mann seine Schuhspitzen nach Norden ausrichtet, hektisch nach einem Haken für sein Sakko sucht oder die Bügelfalten der Hose glattstreicht, während seine Liebste bereits mit blanker Haut und rapide schwindender Lust im Bett wartet. Leidenschaft verträgt sich nicht mit kleinmütigem Ordnungssinn.

Was das Ausziehen selbst anlangt, kann ich Ihnen nur eines raten: Ziehen Sie sich immer, aber auch wirklich immer von innen nach außen aus. In einer ästhetisch idealen Reihenfolge fallen zuerst die Krawatte, dann das Sakko, dann die Socken, das Hemd und dann erst die Hose. Der Anblick eines Mannes, der mit nichts als seiner leidenschaftlichen Erregung und schwarzen Socken Richtung Doppelbett drängt, ist ein Zerrbild der Männlichkeit. Er kann noch so schöne Worte flüstern, noch so klug und noch so perfekt gebaut sein – in Socken und sonst gar nichts wirkt er wie ein armer, schwerfälliger Trottel. Wer will das schon?

Rettet den Sex!

Haben Sie Freude am Sex? Genießen Sie das Kribbeln und Pochen des Verlangens? Schenkt Ihnen die körperliche Liebe ein besonderes Lebensgefühl? Ja? Tut mir leid, dann liegen Sie leider nicht im Trend. Begehren ist out, Keuschheit ist in. Im Karussell der Werte erlebt die sexuelle Enthaltsamkeit hochgelobte Wiederkehr. Vor Jahren war es die Amerikanerin Gabrielle Brown, die für sexuelle Abstinenz predigte und das Feuer der Seele pries. Auch jetzt weht der kühle Wind wieder aus Amerika: Die Autorin Pamela Petter und die Regie-Newcomerin Amy Heckerling predigen in einem No-Sex-Handbuch sexuelle Abstinenz. Damit sich nur ja keiner am anderen vergreift, verraten die Autorinnen jede Menge Tips. Von der harmlosen Frage, ob der üble Geruch wohl gerade dem Partner entkommen sei, bis zur Empfehlung, während des Aktes verträumt zu fragen: „Wie lange machen wir es jetzt eigentlich schon?"

Die neue Bescheidenheit nun also auch im Bett. Plötzlich finden einige Leutchen Sex anstrengend, lächerlich oder primitiv. Einmal im Jahr muß genügen. Womöglich zu Silvester, dann hat man es gleich für zwei Jahre erledigt. Dafür gehe es dann aber richtig heiß und geil zu.

Einspruch! Ich wehre mich mit Händen und Füßen gegen diese Argumente. Wer sich ein Jahr bewußt zurückhält, wird in der Stunde X ganz schön blöd aus der Wäsche schauen. Entweder es rührt sich gar nichts, oder man kennt sich hinten und vorne nicht mehr aus. Daß Sex anstrengend sein soll, ist lächerlich – Staubsaugen und Autowaschen sind auch schweißtreibende Tätigkeiten. Auch die Rechnung „Höhere Lebenserwartung durch geringere Abnützungserscheinungen" geht nicht auf. Menschen, die sexuell aktiv sind, sind für Krankheiten weniger anfällig. Zur angeblichen Lächerlichkeit der schönsten Sache der Welt: Natürlich sind die dabei übermittelten Informationen wie „Jaa", „Jaa" oder „Du", „Du" inhaltlich nicht befriedigend. Aber in puncto Gefühle geben Sie Berge. Und zur Primitivität sei nur soviel gesagt: Der moderne Mensch hat noch kein wirksameres Kommunikationsmodell entwickelt.

Mir ist der Zeitgeist Wurscht, ich bleib' bei meinen Gewohnheiten. Zu einem Lodenmantel lasse ich mich im Zuge der neuen Bescheidenheit noch überreden, zu einem verkrampften „No Sex" nicht. Wer nicht will, soll es bleibenlassen. Auch diese Freiheit gehört zur sexuellen Freiheit. Aber wer will, soll sich nicht zur Sex-Nulldiät gezwungen fühlen. Wenn der No-Sex-Virus viele infiziert, wird Sex wieder ein Tabu. Aber wozu rege ich mich auf – der Trend „Rettet den Sex!" kommt bestimmt ...

Von der erotischen Rede

Ich rede und schreibe gern über Liebe und Sex. Dadurch, und durch meinen Beruf, kenne ich eine Reihe von Worten für alle jene sexuellen Handlungen und Körperteile, die üblicherweise verschämt verschwiegen werden. Aber im Gespräch mit anderen merke ich, wie da herumgedruckst und umschrieben, angedeutet und gestottert wird, als ginge es um etwas Böses, Schreckliches, nicht mehr in Worte Faßbares. Ich gebe zu, daß es nicht leicht ist, über Gefühle und Körperteile zu sprechen, für die unsere Sprache nur medizinische Fachausdrücke, Vulgärausdrücke oder Kinderworte bereithält. Was im Sinnentaumel der Umarmung ein Erlebnis tiefster Befriedigung ist, wird dann in der Rede plötzlich peinlich, obszön oder lächerlich.

Irgendwann einmal in einer Beziehung kommen Sie aber an einen Punkt, wo eine unmißverständliche Ausdrucksweise notwendig wird, um ureigenste, sexuelle

Anliegen zu verwirklichen. In der ersten Phase der Verliebtheit wartet man noch ab und hofft darauf, daß der Partner spürt, was man will. Noch ist man verzaubert, noch erscheint nicht nur der „vergötterte" Partner, sondern auch jede körperliche Annäherung als geheiligt. Man „himmelt" den Geliebten an, „geht wie auf Wolken" und ruft in der leidenschaftlichen Umarmung sogar das Göttliche an: Jesus, Maria!

Aber die Anrufung der Heiligen nützt nicht viel, wenn es um die Erfüllung schlichter, körperlicher Bedürfnisse oder um grundsätzliche Fragen geht. Da ist es schon besser, Klartext zu reden. Bei den Anrufern meiner Ö3-„Hot-line"-Sendungen merke ich aber immer wieder, daß die verbale sexuelle Kommunikation oft noch schwieriger ist als die körperliche. „Wissen Sie", meinte eine junge Frau bei der letzten „Hot-line", nachdem sie nicht mehr auf Sendung geschaltet war, „wie ich es auch sage, man hat ja doch immer das Gefühl, Sex ist unedel und unrein." Sie hat recht. Ausgerechnet der sexuellen Sprache, die nichts anderes will, als anregen, ermutigen oder sichtbar machen, unterstellt man grundsätzlich schmutzige Absichten. Obwohl man von Politikern annimmt, daß sie mit Worten manipulieren wollen, begegnet man ihren Reden nicht mit annähernd soviel Aggressivität wie der sexuellen Rede. Dieser Widerstand geht so weit, daß diejenigen, die sich trauen, über Sexuelles zu reden, als pervers oder schweinisch eingestuft werden. Die Beschimpfungen, die ich immer wieder für meine „schmutzigen Reden" zu hören bekomme, sind so wüst, daß ich sie gar nicht wiedergeben kann. Sex ist „Schweinekram", über den man auch nach den Veränderungen der sexuellen Revolution möglichst nicht spricht.

Lassen Sie sich trotzdem nicht dazu verleiten, die erotische Kommunikation auf Augenrollen, Keuchen und gutturale Laute zu reduzieren. „Sprich doch frei von der Leber weg", empfahl Pietro Aretino schon vor 500 Jahren. „Sag doch ar, schwa, vo und fi. Nenn, doch das ‚Ja' Ja und das ‚Nein' Nein . . . Oder behalt's für dich." Halt! Dafür bin ich nicht! Behalten Sie's nicht für sich. Probieren Sie doch einmal die Sprache des Volkes aus. Jeder kennt die gewissen Worte, und jeder weiß was damit anzufangen. Sie können auch selbst Worte erfinden und ausprobieren, wie diese auf Sie und Ihre(n) Liebste(n) wirken.

LEIBSPEISEN

Ich wüßte nicht, was noch als Gutes angesehen werden könnte,
wenn man die Tafelfreuden, die Liebeslust,
das Wohlempfinden durch die Musik und schließlich
die Erregung beim Anblick einer schönen Gestalt abzieht.
Epikur

Das Geheimnis
der erotischen Stimulation

Wie zärtlich er ist. Wie flink seine Fingerspitzen über ihre intimsten Körperzonen wandern. Wie wunderbar schmusig er streichelt.

Da fühlt sich eine Frau so richtig verstanden. Dafür ist sie auch bereit, zu verstehen. Schließlich muß sie ihm seine Bemühungen um ihr Vergnügen honorieren. Das ist doch selbstverständlich. Auch wenn es nicht ganz das richtige war. Was sie denn wollte? Na ja, es war schon das, was er so zielstrebig versucht hatte, aber eben ein bißchen anders.

Schluß jetzt mit dem Herumgerede. Da bemüht sich ein Mann ganz offensichtlich um die sexuelle Befriedigung seiner Geliebten und sie reagiert darauf nur wischiwaschi. Hat er es schlecht gemacht? Nein. War es richtig schön? Das auch nicht. Also raus mit der Sprache: Er hat es zu akkurat gemacht.

Wenn ich aufgrund der Briefe, die mich erreichen, eine Wald- und Wiesenstatistik errechne, dann sind sieben von zehn Männern nicht in der Lage, beim Liebesspiel ihre Finger richtig einzusetzen. Viele gehen zu weit und erwarten sich ausschließlich von der Vagina das A(h) und O(h) der Lust. Fehlanzeige! Erst kürzlich wurde von einem niederländischen Team weiblicher Wissenschaftlerinnen die Reaktionsfähigkeit dieser Liebeszone mittels elektrischer Stimulationselektroden geprüft. Das Ergebnis muß vor allem für jene Männer niederschmetternd sein, die glauben, daß es genügt, wenn sich ihr Wonnespender im Liebesgral befindet: Der weibliche Handrücken ist wesentlich empfindlicher als die Scheide! An keinem anderen Punkt des weiblichen Geschlechtes herrscht so deprimierende Funkstille wie in den Tiefen der Vagina. Als absoluter Dynamo der Lust erwies sich – wieder einmal – die Klitoriszone. Aber, und jetzt kommt das Entscheidende, die Rede ist von der Zone rund um den heißen Punkt. Die hochempfindliche Lustperle direkt zu stimulieren ist genauso falsch, wie darauf zu vergessen. Direkte Stimulationen lassen fast immer unangenehme Sensationen entstehen und verhindern den, für den Höhepunkt notwendigen, Lustaufbau. Ich kenne Frauen, die auf eine direkte Berührung der hochgradig empfindlichen Klitorisspitze mit schweren Aggressionen reagieren. Erst unlängst schrieb mir ein Leser, daß er sich frage, warum ihm eine Liebespartnerin auf die Hand geschlagen hätte, wo er sie doch gerade voller Inbrunst verwöhnt habe. Na warum wohl? Vielleicht wußte der Arme nicht, daß Frauen bei der Selbstbefriedigung das Wonneknöpfchen nur äußerst selten reizen. Sie tun es entweder seitlich oder an den Schamlippen, oder sie berühren die ganze Zone rund um den Mittelpunkt der Lust. Im übrigen wird ja auch beim Liebesakt die Klitoris nicht direkt, sondern indirekt, durch einen höchst komplizierten und leider ziemlich unbekannten Zugmechanismus stimuliert.

Ich weiß, das klingt alles ziemlich nüchtern und technisch. Aber ist es deswegen weniger wichtig? Ist es wirklich besser, einen Mann buchstäblich im dunkeln tappen zu lassen, anstatt offen zu sagen, worum es hier eigentlich geht?

Ich glaube, daß es sinnlos ist, in puncto Sex immer noch mehr Einfühlungsvermögen von den Männern zu erwarten, wenn man ihnen nicht gleichzeitig ein paar handliche Facts dazu liefert. Daher ist es in meinen Augen nur eine halbe Wahrheit, ausschließlich die Wichtigkeit der Klitorisstimulation zu betonen, ohne auch deren Geheimnisse zu verraten.

Was es mit dem Vorspiel
auf sich hat

Mit dem Vorspiel klappt es hinten und vorne nicht. Wenn das Schäferstündchen schlägt, verhalten sich viele genauso wie beim Lesen eines Buches: Die Einleitung wird überblättert und das Ende verschlungen. Frauen klagen immer wieder darüber, daß Männer den Liebesakt „nicht lange genug" ausdehnen. „Er kommt schon nach sieben, acht Minuten", heißt es beispielsweise. „Da komme ich beim besten Willen nicht auf meine Rechnung." Das glaube ich aufs Wort. Viele Männer können eine Erektion nicht länger als vier bis zehn Minuten aufrechterhalten. Aber anstatt um ein paar Minuten des eigentlichen Aktes zu feilschen, kann doch ein ausgedehnten Vorspiel der Weg zum Ziel sein! Eine simple, aber erfolgversprechende Faustregel: Für Frauen, die wesentlich länger als der Partner brauchen, um zum Höhepunkt zu gelangen, sollte das Vorspiel etwa so lange dauern, wie sie benötigen, um bei der Selbstbefriedigung den Orgasmus zu erreichen.

Ich werde aber das ungute Gefühl nicht los, daß viele Frauen gar nicht wissen, was sie brauchen, um die Lust anzufachen. Lieber finden sie sich mit einem 08/15-Gegrapsche ab, bevor sie in sich hineinhören und dann ihre Bedürfnisse ausdrücken. Regen zärtliche Gespräche oder erotische Worte an? Gibt es Körperzonen, die besonders heftig auf zärtliche Berührungen reagieren? Kann schon sein, daß „er" gerne den Busen knetet – aber ist das auch Ihr Vergnügen? Ein Vorspiel, das nur dem Mann gut tut, ist wie mit einer Hand klatschen.

Warten Sie als Frau nicht ab, ob Sie Ihr Partner „vor-

her" zufällig mit dem beglückt, was Ihnen Lust berei-
tet. Setzen Sie Ihre Bedürfnisse durch! Ohne Vorwürfe, aber mit zärtlichem Nachdruck. Diesbezügliche
Gespräche führen Sie am besten nicht unmittelbar vor
dem Sex. Nach einer schönen Umarmung, wenn man
eng aneinandergekuschelt liegt, kann man Dinge aussprechen, ohne daß sie gleich als Kritik empfunden
werden. Am meisten erreichen Sie, wenn Sie positive
Erlebnisse verstärken. Etwa so: „Wie du mich am Po
angefaßt hast, das war ganz toll für mich." Oder: „Wie
ist es eigentlich, wenn ich dich am Po streichle? Ich
finde es herrlich." Hilfreich ist auch ein kleiner Trick:
Tun Sie das, was Sie sich wünschen, bei Ihrem Liebsten. Es ist anzunehmen, daß er instinktiv Gleiches mit
Gleichem vergilt.

Obwohl ich nicht glaube, daß man mit einem zwei-
stündigen, hartnäckigen Bearbeiten der Klitoris „vorher" einen Orgasmus „nachher" erzwingen kann, bin
ich doch überzeugt davon, daß eine Frau ein Zeiterl
braucht, um in Fahrt zu kommen. Genießen Sie diese
Zuwendung und Aufmerksamkeit ohne Gewissensbisse. Auch Männer haben mehr von der Liebe, wenn
sie sich darauf einstimmen. Selbst wenn Ihnen sein lie-
besbereites Geschlechtsorgan ins Auge sticht – ein eri-
gierter Penis ist noch lange nicht der Startschuß für den
Sex. Ein Mann kann mit einer Erektion hingebungs-
voll einen Lichtschalter reparieren, also kann er auch
noch ein bißchen zärtlich sein. So wichtig ein gewisses
Verweilen beim Vorspiel ist – wenn es zu lange dauert,
ist es auch nicht das Wahre. Gar so weit liegen nämlich
die unterschiedlichen Erregungskurven von Mann
und Frau auch nicht auseinander. Es gibt sogar eine
Menge Frauen, die gar kein Vorspiel brauchen. Wenn
es ein Mann versteht, außerhalb des Bettes zu zeigen,
wie lieb er seine Partnerin hat, wie anziehend er sie
findet und wie wichtig sie ihm ist, dann beschränkt

sich das Vorher-miteinander-Spielen oft auf ein Minimum. Dagegen bringt ein noch so ausgebufftes Vorspiel Nullkommajosef, wenn man(n) den ganzen Tag kalt, lieblos und egoistisch ist ...

Eitel sei der Mann, empfindsam und gut

Nach meiner Fernsehdiskussion mit Robert Reumann über die Eitelkeit der Männer wurde ich immer wieder auf dieses Thema angesprochen. „Richtige Männer sind nicht eitel", rieb man mir unter die Nase. „Ein echter Mann trägt nichts, was aus der Reihe tanzt. Alles, was nicht zweckmäßig ist, ist eitel und eitel ist weibisch und weibisch ist pfui für einen Mann."

Nein, also jetzt reicht's. Es ist an der Zeit, daß ich noch einmal für den eitlen Mann plädiere: Frauen mögen eitle Männer. Vielleicht ist es gar nicht so sehr das modische Erscheinungsbild, das den eitlen Mann unwiderstehlich macht. Es ist die Philosophie, die dahinter steckt: Eitle Männer sind Männer, die von uns Frauen gelernt haben – sie sind meist Gefühlsmenschen.

Die Männer der Vergangenheit mußten unnahbar sein, Haltung bewahren und mit ihrer Kleidung Affektfreiheit demonstrieren. Eitelkeit war unmännlich, weil sie einen Mann als Gefühlsmenschen entblößen hätte können. Ich kann gut verstehen, daß der gefühlsbetonte Mann von heute an ausdrucksarmer Kleidung keinen Gefallen findet. Er will sich mit seinen Klamotten nicht tarnen, sondern damit Botschaften vermitteln. Mit dem Stil ihrer Kleidung drücken die Männer – wie wir Frauen es auch tun – Wünsche, Sehnsüchte und Gefühle aus. Und so wie Männer unsere Kleiderbotschaften dechiffrieren, so tun wir das mit ihren modischen Signalen. Das macht die Distanz von einem zum andern kleiner.

Endlich nimmt der Mann die Mode persönlich! Endlich benutzt er sie als äußeres Ausdrucksmittel für inneres Befinden. Der Mann von heute trägt nicht nur Verantwortung, sondern auch Modisches. Das ist eitel, gewiß. Es berechtigt aber auch zu den schönsten Hoffnungen: Der Kerl in Samt und Seide bewegt sich ja nicht nur modisch auf uns zu.

Mich persönlich macht nicht ein normal eitler Mann stutzig, sondern einer, der tatsächlich als „uneitel" erkennbar ist, indem er ungebügelte, speckige Hosen trägt, sich das Haar nicht wäscht und aus dem Mund riecht, weil seine Zähne ungepflegt sind. Der Mann, der mit Kleidung und Körperpflege versucht, Risse in seiner Persönlichkeit zu verdecken oder Aufmerksamkeit zu erregen, zeigt wenigstens, daß er Wert darauf legt, gemocht zu werden, und daß er sich nicht sicher ist, ob er dieses Gemochtwerden aufgrund seiner Eigenschaft verdient. Der Mann, der Zuneigung erwartet, obwohl er ungepflegt ist und nichts aufwendet, um Begeisterung auszulösen, ist das, was man dem normal Eitlen ungerechterweise nachsagt: Er ist auf unerträgliche Weise von sich selbst überzeugt.

Der diskrete Charme der Glatze

Jeder dritte Mann hat eine Glatze. Der eine hat Geheimratsecken, der andere eine Hinterkopfplatte, der dritte einen gewaltig breiten Mittelscheitel. Es ist beim besten Willen nicht mehr zu übersehen – die Kahlköpfigkeit ist auf dem Vormarsch.

Manche Wissenschaftler meinen, daß Männlichkeitshormone an der zunehmenden Glatzenbildung schuld seien. Ob Glatzenträger wirklich potenter sind, bezweifle ich. Es gibt genügend Männer, die kein Haar mehr am Kopf haben und dennoch impotent sind. Einer anderen These zufolge ist die Glatzenbildung der Beweis einer Selektion: Die Entwicklung vom Affen zum Menschen ging mit einer gut ausgebildeten, unbehaarten Stirn und Schädelpartie einher. Je höher entwickelt das Lebewesen war, desto mehr Bedeutung hatte die unbehaarte Stirn- und Schädelpartie als Droh- und Autoritätssignal. Die Kommunikation einer Affengattung, der Stummelschwanzmakaken, beweist die wichtige Rolle der unbehaarten Haut der Stirn und des Vorderschädels: Je größer die unbehaarte Schädelfläche ist, desto bedrohlicher wirkt der Stummelschwanzmakake und desto begehrter ist er bei den Weibchen.

„Allerweil es wär' auch bei den Menschen so", stöhnt jetzt so mancher Glatzenträger, dem angesichts des jugendlichen Haarschopfes eines Rivalen das Ansehen des Stummelschwanzmakaken Wurscht ist. Dabei könnten Glatzenträger durchaus optimistisch sein! Viele Frauen finden eine Glatze ausgesprochen sexy. Musicalstar Alexander Goebel rasierte sich nicht ohne Grund den Schädel kahl. Und Nachtklubkönig Heinz Werner Schimanko macht mit seinem glänzenden, kahlen Kopf durchaus gute Figur. Ich gehöre übrigens auch zu den Frauen, für die entlaubte Männerköpfe einen gewissen Reiz haben. Warum das so ist, weiß ich nicht genau. Vielleicht weil mich eine Glatze an einen blankpolierten Metallhelm oder an einen erigierten Penis erinnert. Eine Bekannte sagte mir einmal, daß sie eine Glatze deshalb erotisiere, weil Nacktheit immer eine gesteigerte Berührungssensibilität garantiere.

Nehmen Sie's also gelassen, wenn Sie im Glanz Ihrer Kopfhaut erstrahlen! Erstens haben die meisten Frauen gar nichts gegen eine Glatze. Zweitens sind Glatzenträger vom evolutionsgeschichtlichen Standpunkt aus gesehen die Fortschrittlichen. Drittens gibt es noch immer kein Mittel, das den Haarausfall erfolgreich stoppen würde. Nur eine einzige Möglichkeit bleibt Ihnen. James B. Hamilton, Professor an der New Yorker Universität, nennt sie in einer bei Experten bekannten Arbeit beim Namen: „Allein die Kastration hemmt den zur Glatze führenden Haarausfall, garantiert jedoch nicht das Nachwachsen der Haare."

Nur lieben ist schöner

Der amerikanische Popkünstler Andy Warhol gestand einmal in einem Interview, daß er Sex nur mit einem Menschen praktiziert und genießt: mit sich selbst. Woody Allen legte ein noch glühenderes Bekenntnis zur Selbstbefriedigung ab. „Selbstbefriedigung ist Sex mit einem Menschen, den man liebt." Sicher ist, daß Selbstbefriedigung Sex mit jemandem ist, der weiß, was er will. Das scheint mir der wichtigste Grund dafür zu sein, „die Liebe an und für sich" auch einmal zu zweit zu praktizieren.

Die Vorteile dieser erotischen Spielart liegen auf der Hand: Erstens weiß niemand so gut wie man selber, was man in einer bestimmten Stimmung gerade braucht. Zweitens ist Onanie kräftesparend, und drittens muß der Partner nicht die Verantwortung für die eigene Befriedigung übernehmen. Auch wenn es gewisse Leute nicht gerne hören, ich bleibe dabei: Hin und wieder gibt es keinen Ersatz für den Ersatz.

Den meisten Männern ist das schon seit jeher klar. Sie taten „es" schon als kleiner Junge und tun es laut Statistik auch noch heute. Wir Frauen hingegen haben nicht so eine unbefangene Beziehung zur Selbstbefriedigung. Aber warum versuchen Sie und Ihr(e) Liebste(r) nicht einmal zu zweit, na ja, Sie wissen schon, was ich meine. Wenn Sie ahnten, wie viele Frauen und Männer gerne sehen würden, wie der/die Partner(in) Hand an sich legt, ob sie/er es mild tut oder wild, oder er es in die Länge zieht oder schnell zum Ziel kommt – Sie würden es noch heute tun.

Worin der Reiz einer solchen Szene liegt, ist nicht vollends geklärt. Daß der Anblick des Verbotenen den Puls erhöht, reicht mir nicht als Begründung. Ich glaube, es ist der qualifizierte Umgang mit dem eigenen Geschlecht, die unnachahmliche Perfektion, die den Beobachter betören. Daß man dabei auch das allerletzte Zipfelchen Intimität aufgibt, daß man etwas zeigt, was einem bisher immer nur alleine gehört hat, erhöht den Reiz.

Viele Frauen wagen es nicht, ihre Freude am Zuschauen einzugestehen. Viele sind nicht fähig, im Beisein eines Mannes selbst Hand anzulegen. Vielleicht sind sie weniger stolz auf ihr Geschlechtsorgan als Männer. Vielleicht sind sie es noch nicht gewöhnt, aktiv und selbstverständlich damit zu agieren. Vielleicht halten sie erotische Spielarten schneller als Männer für einen Verrat an der Liebe.

Was immer der Grund sein mag, ich behaupte: Es lohnt sich immer, den Partner oder die Partnerin für die Masturbation zu zweit zu gewinnen. Sagen Sie jetzt bitte nicht, daß die Onanie der Anfang vom Ende sei. Ich plädiere ja nicht dafür, sich anstatt eines Liebesaktes zu befriedigen, sondern im Rahmen eines solchen. Gemeinsam. Wechselseitig. Egal wie, Hauptsache, daß es ab und zu dazu kommt.

Da die Selbstbefriedigung ein bewußtes Umgehen mit den Bedingungen der Lust voraussetzt, ist die Masturbation zu zweit nicht beziehungsfeindlich, sondern das Gegenteil davon. Immerhin bietet sie eine einmalige, für den partnerschaftlichen Sex unschätzbare Chance – das Lernen am Modell. Wie viele Gespräche, Mißverständnisse, Peinlichkeiten und Verletzungen können ein paar Minuten lustvoller Beobachtung ersparen! Auch beim Sex ist Experimentierfreude die Basis jeder Entwicklung und Verfeinerung. Sie ist das Ziel des Kenners, der das Thema beherrscht und mit Variationen immer wieder erneuert.

Sind Sie gut im Bett?

Ja, Sie haben richtig gelesen: Sind Sie gut im Bett? Ich weiß, das ist ein schwieriges Thema, und es ist vielleicht besser, wenn ich ganz vorsichtig anfange. Also noch einmal: Haben Sie als Frau das Gefühl, daß Sie für einen Mann eine erotische Offenbarung sind? Glauben Sie als Mann, daß Sie eine Frau rundherum glücklich machen können? Na? Fällt Ihnen dazu etwas ein? Vermutlich nicht. Es ist ja auch nicht leicht, sich selbst auf einem Gebiet zu beurteilen, für das es keine handfesten Kriterien gibt. Leichter wäre es, könnte man sich in den diversen Liebesdisziplinen Noten verleihen. Etwa so: Küssen 1, Streicheln 1, erotische Gesprächsführung 2, sexuelle Ausdruckskraft 2, Dramaturgie und Gestaltungsfähigkeit 1. Macht einen Notendurchschnitt von 1,5. Damit hätten Sie sich an der Schule für Erotik einen Vorzug erworben. So einfach ist es leider nicht.

In der Realität sind wir auf Vermutungen und vage Hinweise angewiesen. Aber was kann mehr verunsichern als beiläufige, träumerische Bemerkungen über „die andere" oder „den anderen". Was war denn so toll an „ihr"? Wahrscheinlich war sie sexuell unersättlich und hatte nach einem Tag Bürohektik, nach dem Ärger mit dem Chef, den Sorgen mit den Kindern und nach dem Einkaufen, Aufräumen, Kochen und Bügeln immer noch mörderische Lust auf Sex. Womöglich kannte sie irgendwelche Wahnsinnstricks aus dem Fernen Osten, mit denen sie ihren Geliebten auch noch weit nach Mitternach von einem Orgasmus in den anderen gleiten ließ. Ganz bestimmt war sie auch leicht erregbar, bekam schon Gänsehaut, wenn „er" die Brillen auf das Nachtkästchen legte, und einen multiplen Orgasmus, wenn er sie nur flüchtig berührte. Wer nicht schon einmal solche Überlegungen gehabt hat, bitte aufzeigen.

Doch nicht nur die Frauen glauben, daß das Gras woanders grüner ist. Auch die Männer werden von Phantasien über die erotischen Fähigkeiten anderer Männer gemartert. Sie stellen sich vor, daß „der andere" bestimmt ein größeres Liebesorgan hat, daß er jederzeit und nicht nur einmal kann und daß er dann weder zu früh noch zu spät kommt.

Alles Blödsinn.

Frauen finden einen Mann „gut im Bett", wenn er beim Sex seinem Instinkt folgen kann und spürt, wonach ihr zumute ist. Ein Mann ist gut im Bett, wenn er Sensibilität und Zärtlichkeit zulassen kann, ohne Angst davor zu haben, als schwach eingestuft zu werden. Vor allem aber ist er gut im Bett, wenn er ihr das Gefühl gibt, aufregend und etwas ganz Besonderes für sie zu sein. Anders gesagt: Eine Frau findet einen Mann gut im Bett, der ihr die Gewißheit gibt, gut im Bett zu sein.

Noch sehr viel mehr gilt das für Männer. Männer sind noch mehr als Frauen darauf angewiesen, im Bett von einer Frau bestätigt zu werden. Immerhin kann ein Mann nicht, so wie wir Frauen, so tun als ob. Er muß eine Erektion zustande bringen, und er muß damit agieren. Dafür erwartet er sich ein Re-agieren. Und das möglichst deutlich. Einem Mann genügt es nicht, zu merken, daß das, was er tut, schon in Ordnung ist. Wenn seine Partnerin ihm das Gefühl gibt, Besonderes zu leisten, Außergewöhnliches zu vollbringen – dann findet er sie toll im Bett.

Bei der Frage „Gut im Bett – ja oder nein?" geht es weder bei der Frau noch beim Mann um sexuelle Tricks. Eine erotische Meisterleistung besteht nur darin, den anderen in seinem ganzen Wesen zu erspüren und zu fühlen, worauf es ihm ankommt. Wenn das gelingt, läuft der Sex von selbst ...

Zum Teufel mit der Scham

An einem der vergangenen Wochenenden war ich bei Freunden am Land. Zwischen Wandern und Abendessen wurde die Sauna angeheizt, und ohne uns abzusprechen, gingen Frauen und Männer getrennt in die Schwitzkammer.

„Sind wir eigentlich verklemmt?" rätselte meine Freundin Dorothea. „Das nicht", meinte Ulla. „Man schämt sich eben." Ja, man schämt sich eben. Aber warum schämt sich Dorothea, wenn ihr Mann das Licht aufdrehen will, während sie miteinander schlafen? Warum schämt sich Ulla, wenn ihr Freund sie bei intimen Küssen „da unten" ansieht? Weil wir alle – ich nehme mich davon nicht aus – ein gebrochenes Verhältnis zu unserem Körper haben. Natürlich gibt es ein durchaus berechtigtes Schamgefühl. Jeder von uns kennt es, das Gefühl, wenn ein intimer Körperteil oder ein privater Gedanke gegen den eigenen Willen preisgegeben werden mußte oder eine Tat entdeckt wurde, die gegen eine Regel verstößt.

Wenn man sich aber für sein Geschlecht schämt so wie Ulla – ist das auch berechtigt? Nein, behaupte ich. Berechtigt ist es nicht, aber verständlich. Wie soll man stolz auf eine Körperzone sein, die seit Jahrhunderten tabuisiert wird? Es ist kein Zufall, daß das weibliche Geschlechtsteil auch „Scham" genannt wird. Noch heute werden Kinder von unserer Scheu vor den Genitalien geprägt: Man hat dafür weder einen Namen, noch kann man ertragen, daß sich ein Kind lustvoll „mit dem da unten" befaßt. Dabei ist es eine Binsenweisheit, daß die Einstellung zum Körper und zur Sexualität zum Großteil von der Art und Weise abhängt, wie einem Kind der Körper und alles Sexuelle präsentiert wird. Aber sogar, wenn man als Kind lernte, seinem Körper positiv gegenüberzustehen, können später Schamgefühle auftauchen.

Können Sie als Mann sich unbefangen nackt vor Ihrer Liebsten zeigen? Können Sie als Frau mit Ihrem nackten Körper balzen und kokettieren? Wenn ja, beglückwünsche ich Sie: Ihr erotisches Agieren wird durch nichts gestört. Wenn nein, besteht vermutlich zwischen dem Ideal, das Sie von sich selbst haben, und dem, was Sie von sich in der Realität wahrnehmen, eine Diskrepanz, die Ihr Schamgefühl erzeugt.

Es gibt etliche Frauen, die sich einem Mann nur mit einem Hemdchen bekleidet zeigen, weil sie durch Schwangerschaft und Stillen einen Hängebusen bekommen haben. Und es gibt Männer, die nur mit einem T-Shirt oder Pyjamaoberteil lieben, weil sie im Laufe der Jahre einen Bauch bekommen haben. So gut ich diese schamhafte Verhüllung nachempfinden kann, so überflüssig ist sie meist. Wer sinnlich ist, nimmt sowieso nur erregende Ausschnitte wahr – einen verhangenen Blick oder das Rund einer Schulter. Nicht nur die Liebe macht blind. Auch die Lust.

Auch durch das brutale Urteil eines Liebespartners kann man von Scham gequält werden. Aber die Scham über das, was Sie Ihrer Meinung nach in den Augen eines Gegenübers „herabsetzt", muß Sie nicht ewig plagen. „Ich habe mich immer für meinen dicken Po geschämt", gestand mir einmal eine mollige Blondine. „Bis eines Tages ein Liebhaber meine Hand genommen und mich darauf aufmerksam gemacht hat, wie geil sich für ihn meine Pobacken angreifen." Die Moral von der Geschichte: Beten Sie nicht das Ideal an, das Sie sich von Ihrem Körper gemacht haben. Befreunden Sie sich mit der Realität! Und schämen Sie sich nicht für Ihren Körper – Sie haben sowieso nur diesen einen.

Unsauber – was heißt das schon?

Erst das Selbstverständliche: Ein gepflegter Mensch mag sich selbst und wird von anderen gemocht.

Jetzt das Bedenkliche: Übersteigerte Reinlichkeit macht den Alltag beschwerlich und nimmt dem Sex einen Teil seines ursprünglichen Reizes.

Männer stehen dem Thema Sauberkeit meist unbekümmerter gegenüber als Frauen. Unsere Kultur gesteht den Männern eine gewisse Nachlässigkeit, wenn nicht gar Unsauberkeit, eher zu als uns Frauen. Ein ungepflegter Mann schwemmt seine Unsauberkeit mit einer heißen Dusche einfach weg. Bei einer Frau, die man auch heute noch mit Persönlichkeitsbegriffen wie „rein" oder „sauber" assoziiert, vermittelt Ungepflegtheit den Eindruck, daß sie aus den Tiefen ihres Menschseins kommt und nicht einfach im Badezimmer zu beseitigen ist.

Dieses falsche und ungerechte Vorurteil ist mitverantwortlich dafür, daß viele Frauen übersteigerte Reinlichkeitsvorstellungen haben. Aber in einer Zeit, die besessen ist vom Kampf gegen den Schmutz, gleiten nicht nur Frauen in körperfernes Leben ab. Wenn Doris aus dem blitzblanken Badezimmer kommt, duftet ihr Atem nach Pfefferminz, ihre Achselhöhlen nach Deodorant und ihr Schoß nach Intimspray. Doris ist zweifellos eine gepflegte Frau, aber sie mißtraut der gesunden Ausstrahlung ihres Körpers – sie kann nicht glauben, daß ihr Mann ihren individuellen Duft mag. Renate unterwirft nicht nur sich selbst Sauberkeitsritualen, sie ist auch in ihrer Wohnung wie eine Wilde hinter jedem Staubkörnchen und jedem Fingerabdruck her: Auf ihrem Fußboden könnte ein Chirurg operieren. „Ich weiß zwar nicht, was für eine

Krankheit ich bekommen könnte", sagt sich zum Beispiel Karl, „aber ich glaube, daß ich einen gewissen Schutz habe, wenn ich mich ein paarmal am Tag peinlichst genau wasche."

Nichts gegen sinnvolle Hygienevorkehrungen! Ungewaschene Männer und verschmuddelte Frauen sind weder erotisch anregend noch gesünder. Aber wir sollten uns bemühen, in puncto Reinlichkeit zwischen unangemessenen und angemessenen Maßnahmen zu unterscheiden. In einem blinden Kampf gegen vermeintliche Unsauberkeit oder Ansteckung sind Sie immer die Verliererin. Sie verlieren Ihre natürliche Einstellung allem Körperlichen gegenüber und die unmittelbare, sinnliche Nähe zu Ihrem Partner.

Unkontrollierte Ängste vor Schmutz oder Ansteckung sind für die körperliche Widerstandskraft eine größere Bedrohung, als alltägliche Bakterien es einem Menschen mit einer natürlichen Einstellung allem Körperlichen gegenüber je sein könnten ...

Spieglein, Spieglein an der Wand ...

Es war einmal eine schöne Königin, die wissen wollte, wie schön sie wirklich sei. Sie stellte sich vor einen Spiegel und fragte diesen: „Spieglein, Spieglein an der Wand, wer ist die Schönste im ganzen Land ...?"

Warum befragen nicht auch wir den Spiegel? In den meisten Frauen und Männern steckt sowieso ein uralter Hunger nach Spiegelbildern! Narziß, der schöne Jüngling aus der griechischen Mythologie, benützte in

Ermangelung eines Spiegels die Wasseroberfläche, um sich darin wahrzunehmen. Und den Renaissancefürsten, die noch keine körpergroßen Spiegel hatten, sich aber dennoch ein Bild von sich machen wollten, haben wir prachtvolle Gemälde zu verdanken. Spiegelung und menschliches Dasein sind seit alters her untrennbar miteinander verbunden: Das eigene Spiegelbild findet sich sogar, wenn auch verkehrt, in der Iris des Gegenübers. Wenn Ihnen das nächste Mal Ihr Gefährte „schau mir in die Augen, Kleines" zuflüstert – tun Sie's! Sie können darin eine Menge über sich entdekken. Noch mehr erfahren Sie natürlich von einem richtigen Spiegel.

Auch wenn nicht offen darüber gesprochen wird, gehört es doch zur Eigenart der weiblichen Sexualität, sich vom eigenen Körper erotisieren zu lassen. Für einen Mann ist es ziemlich unvorstellbar, vor einem Spiegel zu stehen und genüßlich über seinen Po, seinen Bauch oder seinen Latissimus zu streicheln. Eine Frau kann das. Für sie schimmert in ihrem Spiegelbild das Besondere ihrer Persönlichkeit durch, das auf sie selbst erregend wirkt. In diesen Augenblicken gibt der Spiegel Antwort auf die unausgesprochenen Fragen nach dem sexuellen Ich – wie der Zauberspiegel, den schon die Priesterinnen der Fruchtbarkeitsgöttin Demeta befragten.

Auch beim Sex, wo uns seit jeher Einblicke und Blicke vorenthalten werden, könnte uns ein Spiegel recht nützlich sein. Um wieviel schöner und aufregender als ein schlechter Porno und um wieviel interessanter als ein trockenes Aufklärungsbuch könnte ein Blick in den eigenen Schlafzimmerspiegel sein!

In instinktlosen, unrealistischen filmischen Darstellungen der sexuellen Begegnung erschweren uns Frauen die Identifikation mit den Akteuren – daher verfehlen so viele Pornofilme ihre Wirkung bei uns. Die vom eigenen Spiegel reflektierte Lust ist echt, zärtlich und dementsprechend anregend.

Aus allen diesen Gründen bin ich für einen Spiegel im Schlafzimmer. Gerade beim Sex ist eine Änderung der Blickrichtung immer lohnend ...

Die Erotik der Füße

Wir alle wissen es: Die Ausstrahlung schön beschuhter Beine ist seit jeher erotischer Zunder. Und es wäre gelogen, zu behaupten, daß wir Frauen die Pein am Bein in Form zierlicher, aber unbequemer Schühchen nur deshalb auf uns nehmen, um den Männern zu gefallen. Auch wir finden unseren Gang in Schuhen mit hohen Absätzen schöner und erotischer. Sieben-Zentimeter-Absätze und ein filigraner, an venezianisches Glas erinnernder Leisten bringen aber leider nicht nur Männeraugen, sondern oft auch unsere Füße zum Glühen. Ich habe nicht erst einmal während eines Essens heimlich Wasser in neue Schuhcherln geträpfelt, um noch so lange auszuhalten, bis ich endlich barfuß zum Auto wanken konnte. Wozu das alles, fragt man sich dann angesichts rotgeschwollener, malträtierter Zehen.

Ich glaube, wir spüren unbewußt, daß es zwischen unseren Füßen und unserer Sexualität einen geheimnisvollen Zusammenhang gibt.

800 Meter feinste Nerven durchziehen die weiblichen Fußsohlen. Die Vorstellung, daß unsere Fußsohlen in direkter, wonnespendender Verbindung mit unserem Liebesorgan stehen, ist übrigens jahrtausende-

alt: Im fernen Osten wurden den Frauen die Füße zu winzigen „Lilienfüßchen" von 13 Zentimeter geschnürt: Die Kraft, die nicht für das Wachsen der Füße gebraucht wurde, sollte direkt ins weibliche Geschlechtsorgan strömen und die Lust steigern. Na ja. Diese Vorstellung ist vielleicht ein bißchen überdreht, aber immerhin bescheinigen auch Mythen unseren Fußsohlen besondere Wichtigkeit. Bilder von Göttinnen, die mit ihren Füßen heilende Quellen aus der Erde stampfen, sind keine Seltenheit. Das Auf- und Niederstampfen bei Volkstänzen gilt als sexuelle Herausforderung, und der Volksglaube sah in großen Füßen einen Fruchtbarkeitsbeweis. Es ist auch kein Zufall, daß der volkstümliche Ausdruck für den Geschlechtsverkehr „schustern" heißt. Erotik auf Schritt und Tritt.

Die Auffassung „geerdeter" Sexualität hat sich bis heute erhalten: Der Sexualforscher Wilhelm Reich empfahl Frauen mit Orgasmusproblemen, ihre Füße zu erden. Durch die beim Liebesakt auf ein Bettende oder eine Mauer abgestützten Füße konzentriert sich die Empfindungsfähigkeit im Genitalbereich.

Wenn ich so überlege, wieviel Mystik und Sex in unseren Füßen stecken, wundert es mich, warum Männer sie nicht mehr streicheln, massieren, kitzeln, kosen oder sonstwie verwöhnen. Falls einmal in Sachen Lust so gar nichts läuft – vielleicht kommt der Genuß über den Fuß. Probieren Sie's doch einmal. In diesem Sinne: Schöne Grüße an die Füße.

Liebe an und für sich

Was ist eigentlich dabei, wenn man sich hin und wieder einmal selbst sexuelle Entspannung verschafft? Gar nichts ist dabei. Trotzdem hat jede zweite Frau Gewissensbisse, wenn sie selbst Hand anlegt. Ein Mann wird deswegen nur selten von Skrupel geplagt. Sein Geschlecht, griffbereit wie ein Finger, ist ihm ja schon seit jeher zugänglich. In aller Unschuld kann er es schon als Bub beim Pipimachen begutachten, herzeigen und sich damit auch Lust verschaffen. Natürlich wird auch er ermahnt, daß man „das" nicht tut. Aber der Ton relativiert das Verbot: Einem angehenden Mann räumt man die aktive Auseinandersetzung mit und die Kontrolle über seinen Körper ein.

Dagegen verträgt sich das traditionelle Bild der Frau auch heute noch nicht mit der Selbstbefriedigung. „Nesthäkchen" legt selbst Hand an, um wieder klaren Kopf zu bekommen? Nein, also wirklich nicht. „Trotzkopf" tut's in der Badewanne? Alles, nur das nicht. „Heidi" macht's vor dem Einschlafen? Schluß jetzt, Masturbation ist doch ein Tabu! Also doch.

Es gibt aber heute keinen Grund mehr, Selbstbefriedigung zu tabuisieren. Selbstbefriedigung ist eine natürliche, legitime Methode, um sich zu Zeiten, in denen man keinen Partner hat, sexuell zu entspannen. Bleibt der Einwand, daß Selbstbefriedigung doch nur „seelenlose Mechanik" ist. Na und? Was ist dagegen einzuwenden, wenn es darum geht, sich zu erleichtern? Wer verlangt schon mehr von der Selbstbefriedigung! Das Erleben von Zärtlichkeit und Geborgenheit ist doch hoffentlich nicht nur an den Orgasmus gebunden. Aber Gott sei Dank tun's sowieso mehr und mehr Frauen. Prof. Dr. G. Kockott ließ am 25. Stuttgarter

Kongreß für allgemeine Medizin wissen, daß 1960 nur 50 Prozent selbst Hand anlegten, es 1981 aber schon 72 Prozent taten. Sogar Pfarrer Gideon van der Nest aus Johannesburg empfiehlt das 11. Gebot: „Helft euch selbst und masturbiert." Na also: Ich sehe in der Liebe an und für sich vor allem für Frauen eine Möglichkeit, einen angstfreien Umgang mit ihrer Sexualität einzuüben. Ich bin immer wieder bestürzt darüber, wie vielen Frauen ihre eigene Anatomie fremder ist als der Penis eines verflossenen Geliebten. Aber Lust gedeiht leichter auf dem Boden der Vertrautheit. Das ist eine Binsenweisheit.

Ich bin natürlich nicht dafür, sich immer statt eines Liebesaktes selbst zu befriedigen. Aber wenn Ihnen gerade danach ist – tun Sie's ohne Gewissensbisse. Lust kann man nicht aufsparen wie Geld am Konto. Sich mit einem Menschen, den man liebt, zu vereinigen ist eine Sache. Variationen der Lust ohne Schuldgefühle erleben zu können eine andere.

Keine Lust zu leiden

Es ärgert bestimmt nicht nur mich, wenn Frauen „Lust am Leiden" völlig undifferenziert in die Schuhe geschoben wird. Denn nicht die weibliche Biologie, sondern die geltende soziale Ordnung ist dafür verantwortlich, wenn Frauen Tendenzen zu moralischem Masochismus haben. Moralischer Masochismus äußert sich darin, daß man leidet, um letztlich einen moralischen Sieg davonzutragen. Solange kleine Mädchen dazu angehalten werden, egoistischen, aufsässigen oder brutalen Spielkameraden ihren Willen zu lassen, weil „sie als Mädchen doch klüger sind", können dieselben Mädchen als erwachsene Frauen masochistische Neigungen zeigen. Erziehungsweisen wie diese sind der Humus, auf dem das Gefühl von Machtlosigkeit und Verletzbarkeit – und das sind die Keime des Masochismus – gedeihen.

Auf dem Gebiet des sexuellen Masochismus sind vor allem die Männer zu Hause. Soviel ich weiß, haben kettenrasselnde und peitschenknallende Dominas vorwiegend männliche Kundschaft. Bei den strengen Damen verwandeln sich Männer, die in ihrem sozialen Alltag meist erfolgreich und angesehen sind, in winselnde Knechte und stiefelleckende Sklaven, die die Macht, die sie in ihrem Alltag ausüben, einmal von der anderen Seite erleben.

Aber, und auch das muß einmal gesagt sein, es gibt auch eine durchaus spielerische Variante des Sado-Maso-Themas. „Im Normalfall" handelt es sich um eine Möglichkeit, die uralte Sehnsucht nach dem Ritual der Täuschung und Überraschung, nach dem Kontrast von Heftikeit und Zärtlichkeit, nach dem Kitzel von Auslieferung und Preisgabe zu stillen. Einer inszenierten Machtlosigkeit beim Sex kann auch der Wunsch zugrunde liegen, einmal passiv zu sein dürfen, ohne gleich als egoistisch angesehen zu werden. Einmal nicht zu geben und zu verwöhnen, sondern nur zu nehmen, weil man – gefesselt – gar nicht anders kann. Das kann durchaus seinen Reiz haben.

Voraussetzung eines Spieles, bei dem es, wenn auch nur andeutungsweise, um Dominanz und Unterwerfung geht, ist, daß die Rollen selbst gewählt werden. Dann zeigt sich oft, daß eine Frau nicht die geringste Lust zu leiden hat. Ich kenne einige Frauen, die das

Erlebnis des Siegens, der Macht und des Durchsetzens sehr genießen.

Natürlich hat nicht jeder Lust, auf solche Spiele einzugehen. Aber manchmal führt die Überfütterung mit Schmuse-Sex zu einem erotischen Völlegefühl. Da ist man dann bereit, Neues auszuprobieren ...

An seinem Auto
kannst du ihn erkennen ...

Männer und Autos – das ist eben ein Kapitel für sich. Für uns Frauen ist das Auto nur ein Mittel, um beweglicher zu sein. Das Autofahren ist für uns nicht mehr als eine Möglichkeit, zügig und unaufwendig von A nach B zu kommen. Für Männer ist das Auto ein Symbol ihrer Lebenskraft und eine Möglichkeit, ihre Lebensideologie darzustellen.

Die besondere Beziehung, die die Männer zu ihrem Auto haben, zeigt sich für mich auch darin, daß viele es eifersüchtiger hüten als eine Geliebte. Kennen Sie einen Mann, der die Chromteile der Küchenmaschine mit derselben Hingabe poliert wie die Chromteile seines Autos? Ich kenne keinen. Dafür kenne ich etliche Ehen, in denen es Streit gibt, wenn sich die Frau das Auto ihres Mannes ausborgen will. Darum bitte wird nicht gestritten, wer den Mikrowellenherd, den Rasenmäher oder die Waschmaschine bedient? Zu deren Handhabung gehört sicher nicht weniger technisches Verständnis als zum Schalten. Nein, für mich steht es ein für allemal fest: Männer fühlen sich eins mit ihrem Auto.

Da gibt es den Lebenskünstler, der sein Auto mit Sprüchen schmückt, klassische Musik neben Michael-Jackson-Kassetten stapelt und aus einer Panne ein unvergeßliches Erlebnis machen kann.

Auch die Romantiker sind schnell entlarvt. Am Rückspiegel ihres Gefährtes baumelt ein Souvenir, ihr Auto hat einen Kosenamen, und die Abziehbilder auf den Scheiben verraten, wie sehr sie sich nach einer heilen Welt sehnen. Ein spezielles Flair hat der Sunnyboy unter den Autofahrern. In seinem Auto gibt es ein Durcheinander von Zeitungen, Kleidungsstücken und Postkarten, aber sein jungenhaft strahlendes Lächeln bewegt Frauen und Polizisten zu ungewohnter Nachgiebigkeit. „Mamas Liebling" freut sich wie ein Schneekönig über ein Folgetonhorn und andere nervtötende Spielereien, die niemand außer ihm verwenden darf. Auch der häusliche Typ ist an seinem Fahrzeug zu erkennen. Er schmückt es liebevoll mit Polsterln, Blumen und Vorhängen. Sein fahrbares Wohnzimmer strahlt so viel Heimeligkeit und Idylle aus, daß viele Frauen am liebsten gleich einziehen und hausfraulich schalten und walten würden.

Seit ich meinen Blick für diese Signale geschärft habe, lasse ich mich von aufheulenden Motoren und quietschenden Reifen nicht mehr bluffen. Ich weiß, daß hinter dem Lenkrad nicht Conan der Zerstörer, sondern ein Mann sitzt, der seine Empfindsamkeit hinter Sprüchen, Abziehbildern oder gehäkelten Vorhängen verbirgt...

Hilfe, wir sehen doppelt!

Ich warne Sie: Unsere Augen spielen uns einen Streich – wir sehen doppelt. Ein Mann sieht den weiblichen Busen und seinen Prototyp, er sieht einen Popo und gleichzeitig dessen Idealtypus. Wenn der Blick einer Frau auf einen männlichen Rücken oder Unterarm fällt, sieht sie gleichzeitig dessen entsprechendes Vorbild: Der Rücken ist nicht so muskulös, der Unterarm nicht so kräftig oder der ganze Kerl nicht so groß wie das jeweilige Vorbild. Der Kandidat hat der optischen Prüfung nicht standgehalten. Durchgefallen.

Statt daß wir ein fremdes Gegenüber als ein Ganzes auf uns wirken, alle unsere Sinne mitspielen und überhaupt eine unerklärliche, nicht sofort meßbare Anziehung sich entfalten lassen, erlauben wir unseren Augen ein doppeltes Spiel. Ein flüchtiger Blick genügt, und schon wird ein Mensch in Teile zerlegt und mit den entsprechenden Stücken des Prototyps verglichen. Die Beine? Zu kurz im Vergleich zu Idealmaßen. Der Mund? Nicht so samtig wie die Lippen des Vorbildes. Das Haar? Blond, das ja, aber nicht so füllig wie das Haar des Prototyps.

Der legendäre Don Juan war da aus einem anderen Holz. Das Geheimnis seines Erfolges bei Frauen lag darin, daß er diesen kritischen Blick nicht hatte. Ich weiß, was Sie mir jetzt entgegnen: Es ist ja gerade dieser himmelschreiende Mangel an exklusivem Geschmack, der Don Juan gleichzeitig auch erbärmlich macht. Akzeptiert. Dem historischen Frauenhelden gefielen wirklich viele Frauen. Aber warum? Weil er, abgesehen von seinen seelischen Unzulänglichkeiten, wie zum Beispiel seiner Bindungsangst, eine verschwenderische Begeisterung fürs Weibliche hatte.

Wie eng und knausrig ist dagegen der Blick, mit dem wir einander auf der Straße taxieren! Wir mustern unser Gegenüber blitzschnell, lassen jedes negative Urteil zu und begegnen dem anderen gerade deswegen nie wirklich.

Heute ist diese Feststellung „Dir gefällt jede(r)" eine Beleidigung und ein Hinweis auf schlechten Geschmack. Umgekehrt sollte es sein. „Dir gefällt keine" wäre viel eher ein berechtigter Angriff auf den Verlust der sensiblen Wahrnehmungsfähigkeit.

Wir sollten den Aufstand gegen die Tyrannei des ersten kritischen Blickes proben. Wir sollten in der Begegnung mit dem anderen Geschlecht die Kunst der ganzheitlichen Wahrnehmung üben und langsamer werden im Urteilen und Zuordnen. Im Gegensatz zum bösen Blick schließt ein grundsätzlich liebevoller, neugieriger Blick einen Kontakt nicht aus – er wird vielmehr zu dessen Ergebnis. Warum sollten wir auf diese Chance verzichten?

Schwangersein ist sexy

Ich erlebte es in einer zugigen U-Bahn-Station: Ein Pärchen stand eng umschlungen in einer Nische und küßte sich. Die junge Frau war schwanger und drückte ihrem Partner ihr Bäuchlein entgegen, über das er zärtlich streichelte. „Na so was", ätzte ein Mann. „Das ist doch ein regelrechtes Liebesspiel."

Freilich. Warum soll sich ein Mann denn nicht an der schwellenden Fülle entzücken, die das gemeinsam gezeugte Leben mit sich bringt? Warum soll eine Frau ihre erhöhte erotische Ansprechbarkeit während der Schwangerschaft leugnen? In keiner anderen Phase des Lebens ist der Körper einer Frau so lustempfänglich wie während der Schwangerschaft. Trotzdem tun viele so, als würden sich Mutterschaft und Sinnlichkeit nicht vertragen. Erst wurde die Schwangerschaft mit Krankheit, Schmerz und Last gleichgesetzt, jetzt wird sie auf einen medizinisch-technischen Vorgang verknappt. Wie viele Mütter studieren ausdauernd die Ultraschallaufnahmen ihres werdenden Kindes oder abstrakte Hormonwerte, ohne sich jemals mit ihren Empfindungen sich selbst oder dem Partner gegenüber auseinanderzusetzen! Gerade während der Schwangerschaft, wenn Gefühlsbarrieren aufgegeben werden, könnte sich eine neue sinnliche Qualität zwischen einem Paar entwickeln. Die meisten Männer finden werdende Mütter wegen ihrer vitalen Ausstrahlung sehr erotisch, haben aber Hemmungen, ihr sexuelles Interesse offen zu zeigen. Das Vorurteil, daß schwangere Frauen kein sexuelles Interesse haben und man sie mit einem derartigen Ansinnen in ihrer heiligen Mutterschaft beschmutzt, sitzt tief. Auch den Frauen fällt es schwer, ihre Veränderungen positiv zu verarbeiten und zu ihren erotischen Empfindungen zu stehen. Mißverständnisse und offene Wünsche also sowohl auf seiten der Männer als auch auf seiten der Frauen. Was bleibt da zu tun?

Denken wir doch endlich um: Werdende Mütter sind weder heilige noch unerotische Wesen. Schon gar nicht sind sie seelenloses Material für Schwangerschaftstechnik und Computeranalysen. Sollte es bei Ihnen als Frau soweit sein – seien Sie stolz auf die Gefühls- und Körpererfahrung Ihrer Schwangerschaft. Stehen Sie zu allen Ihren Empfindungen, zu Ihren sexuellen Sehnsüchten ebenso wie zu dem zweiteiligen

Befremden über die Veränderungen, die mit Ihrem Körper geschehen. Wenn Sie einen Mann spüren lassen, daß Sie weder „unantastbar" noch leidend sind, kann jenes sinnliche Klima entstehen, in dem sich Mutterschaft nicht abgekoppelt von dem verbindenden erotischen Erleben entwickelt. In einer Atmosphäre der körperlich-seelischen Harmonie und Nähe wird weder das erwartete Kind noch der Partner als Eindringling empfunden ...

Frauen niesen anders

„Achtung, Mami niest", warnt mein Sohn Daniel wenn ich zum Niesen ansetze. Kaum ist die Sturmwarnung ausgesprochen, umklammert der eine sein Besteck, setzt meine Mutter den Topf ab, und mein Liebster hält sein Glas fester. Ich niese, wozu sollte ich es beschönigen, hundsordinär.

Kürzlich, als ich während eines feinen Abendessens ungeniert lostrompetete, machten mir die teils vorwurfsvollen, teils angewiderten Blicke bewußt, daß befreiende Körperfunktionen für Frauen tabu zu sein haben. Während ein Mann niesen darf, ist das kultivierte weibliche Wesen zu einem erstickten Niesen verpflichtet. Das geht so: Die Lippen werden fest aufeinander gepreßt und der Nieslaut flugs verschluckt. Die Augen werden feucht, in den Ohren knackt's, „gmph!", es ist überstanden. Dieses grausame Manöver erinnert mich an die retrograde Ejakulation des Mannes, bei der der Samen wieder zurück in die Blase getrieben wird. Was hier gegen den Willen geschieht, muß sich eine Frau abringen.

In der Nase bohren und den ans Tageslicht beförderten Schatz stolz begutachten, darf nur ein Mann. Mit der Bemerkung „Sag mir, wenn du auf Erdöl gestoßen bist" wird sein Tun sogar als Pioniertätigkeit gewertet. Bei Mädchen heißt es voller Abscheu: „Pfui!" Erzählt eine Frau, daß ihr Mann trommelfellgefährdend schnarcht, huscht ein stolzes Lächeln über das Gesicht des röchelnden Gefährten: Ein Leitwolf darf Laut geben. Mein Liebster meint gar, daß Frauen für das männliche Schnarchen dankbar und stolz sein müßten. Schließlich sei es ein Relikt unserer in Höhlen lebenden, männlichen Vorfahren, die mit lautem Schnarchen ihre Familie schützten, indem sie signalisierten, daß diese Höhle besetzt ist. Aber wehe, wenn eine Frau schnarcht! Meiner Freundin Gudrun empfahl ein nächtlicher Gefährte, „Hallowach" zu nehmen, damit er ungestört schlafen und sie putzmunter neben ihm bis zum Morgen ausharren könne.

Wir dürfen nicht niesen, nicht nasenbohren, nicht schnarchen und auch nicht gähnen. Ein lieber Freund von uns gibt beim Gähnen so massive Brunftlaute von sich, daß mein Hund regelmäßig zu jaulen anfängt. Während er „harrharr" gurgelt, verschluckt sich seine Frau beim unterdrückten Gähnen. „Die Natur verlangt das", meinte er, als ich ihn darauf ansprach. Die Natur, liebe Freunde, würde es auch bei uns verlangen. Aber wir werden schon von klein auf dazu gedrillt, uns nicht gehenzulassen, nicht laut und nicht heftig zu sein. Genau das ist mit ein Grund, warum es so vielen Frauen nicht gelingt, dann heftig und unkontrolliert zu sein, wenn es gefragt ist – im Bett. Vielleicht denken Sie daran, wenn Sie das nächste Mal herzhaft niesen, nasenbohren oder sonstwas wollen ...

Keine Lust auf Spitzenhöschen

Ich kann an Auslagen, in denen Spitzenhöschen, Strumpfbänder und Mieder appetitlich präsentiert werden, nicht vorübergehen. Der Anblick von Transparentwäsche, Miedern und Strümpfen fährt mir jedesmal wohlig in Kreuz und Magen. Rein theoretisch. Praktisch habe ich Reizwäsche gegenüber eine zwiespältige Einstellung. Ich kaufe mir zwar immer wieder eins dieser heißen Stücke und freue mich auch ehrlich über den neuen Brauch, daß Frauen einander sexy Wäsche schenken. Aber offengestanden – ich ziehe sie nur selten an.

Sobald ich die heißen Stücke trage, beginnt das Dilemma: der schmale Strumpfgürtel sieht zwar hinreißend aus, paßt sich aber weder der Rundung meiner Hüften noch meinen Bewegungen an. Die Strümpfe sind ja sexy, aber die Strapse, an denen sie befestigt sind, heben sich unter einem engen Rock wie Beulen ab. Das narzißtische Pläsier, Schmeichelndes ausschließlich zu meinem Vergnügen, also im Alltag zu tragen, wird mir auch dadurch vermiest, daß ich jeden kalten Windhauch auf der nackten Haut zwischen Höschen und Strümpfen spüre. Und wie das knappe Miederchen zwickt und zwackt! Ganz zu schweigen von dem Spitzenmuster des BHs, der sich wie das Spitzendeckchen meiner seligen Oma durch die Bluse durchdrückt.

Was ist los mit mir? Warum wird meine Sehnsucht nach schlichter, kochfester Unterwäsche ohne Firlefanz ausgerechnet dann übermächtig, wenn ich ein besonders aufwendiges Dessous anhabe? Warum kann ich mich in der sexy Wäsche nicht genauso sexy fühlen, wie mir das die Schaufensterpuppe suggeriert, die ein

Nichts von brombeerfarbener Spitzenwäsche mit so einer aufregenden Mischung von Ekstase, Provokation und Selbstbewußtsein trägt, daß ich Herzflimmern bekomme? „Weil sie für eine Kunstwelt posiert", tröstet mich mein Liebster. „Für die Kunstwelt der Dekoration."

So ist das also. In meiner Wirklichkeit von Schreibmaschine, Küche und Großeinkauf im Supermarkt können die raffinierten Dessous ihren belebenden und selbstwertsteigernden Reiz nicht entfalten. Aber gerade dann würde ich ihn brauchen! Reizwäsche ist unzuverlässig – das ist der Grund, warum meine Einstellung zu ihr getrübt ist und warum ich mir meine alte Liebe zu ehrlichen, weißen Baumwollunterhosen nicht aus dem Herzen reißen kann. Glamouröse Dessous sind offenbar nur gewissen Stunden vorbehalten. Ich seh' ja ein, daß kochfeste „Liebestöter" nicht frischen Wind unter die Bettdecke bringen. Aber in meinen Alltag. Und aus dem besteht mein Leben ...

Am Anfang war der Blick

Da sitzt er, ein Mann wie Samt und Seide. Sie wollen ihn angreifen? Nein, das geht wirklich nicht. Sie wollen an ihm schnuppern? Also bitte, auf Ideen kommen Sie! Sie wollen ihn schmecken, in aller Harmlosigkeit, versteht sich. Sind Sie noch zu retten? Zumindest das Wort soll er an Sie richten, damit Sie den Klang seiner Stimme hören können. Nicht einmal das ist möglich.

Was Ihnen bleibt, sind Augen-Blicke der Neugier,

des Vergnügens, vielleicht sogar der Lust. Das Sehen als eine Sinneswahrnehmung der Entfernung ermöglicht einerseits jenen Anstand zu unseren Mitmenschen, die unsere distanzierende Kultur verlangt, andererseits sichert sie uns unser unersättliches Verlangen nach Information, nach Schönem und Neuem.

Schaulust leitet Sie auf Schritt und Tritt.

Ich kann mich noch genau daran erinnern, daß ich mich als kleines Mädchen nicht satt sehen konnte, wenn der Sohn unserer Nachbarin gewickelt wurde und ich mir sein winziges Zipferl ansehen konnte. Bald blieben meine Blicke an rothaarigen Bubenköpfen und später an vielsagenden Männeraugen hängen. Aber nicht nur erotisches Interesse ist der Motor der Schaulust. In der Volksschule entzückten mich ein Kaleidoskop und glitzernde Schneekristalle. Heute kann für mich auch der Anblick alter Möbel oder eines schönen Baumes ein sinnliches Erlebnis sein.

Ihnen wird es nicht viel anders ergehen. Wie denn auch, wo wir doch alle dazu erzogen werden, Menschen und Dinge nicht zu berühren, nicht daran zu riechen und sie nicht zu schmecken, sondern aus der Ferne anzuschauen. Wir hungern geradezu nach immer neuen Reizkonstellationen! Von diesem Bedürfnis lebt nicht nur die Mode. Auch so mancher Seitensprung ist damit zu erklären. Aber sprechen wir von Erfreulicherem. Zum Beispiel davon, daß es gar nicht so schwer ist, sich Augen-Blicke der Lust zu ermöglichen. Ein anders als gewöhnlich gedeckter Tisch oder ein bunter Blumenstrauß – all das ist Augenfutter, das nicht nur ins Auge, sondern mitten ins Gefühlszentrum geht. Ein wohltuender Anblick führt zu einer Erweiterung der Blutgefäße, und Sie fühlen sich angeregt und positiv gestimmt. Eros humanum est. Aber diese wohltuende Gemütsbewegung nimmt durch Gewöhnung ab – man wird „blind" für das bekannte Schöne.

Da fällt mir ein Ausspruch meiner Großmutter ein: „Sei deinem Mann jeden Tag eine andere Frau." Eine unmögliche, frauenfeindliche Redensart, ich weiß. Aber etwas Wahres ist doch daran: Für Männer ist Schauen und sexuelle Erregung oft und oft eins. Das vielzitierte Tier im Mann ist nämlich ein Augentier ...

Was ist schon dran am nackten Mann!

Das Plakat sticht ins Auge: Ist das ein Bizeps! Nicht so monströs wie der von Schwarzenegger. Gerade richtig. Fest, ohne plump zu sein. Durchtrainiert, ohne den penetranten, rambomäßigen Touch. Die angedeutete, straffe Linie der schmalen Hüften ist auch nicht schlecht. Und erst der Brustkorb ... kräftig, glatt, genußvoll hingestreckt. Mann oh Mann, du machst nicht nur Lust auf Duft ...

Ich bin sicher nur eine von vielen, die Männer nicht nur in natura, sondern auch auf Hochglanz und auf Plakaten gerne halb nackt sehen. Schließlich haben wir eine Menge Nachholbedarf. Zu einem Zeitpunkt, als Frauen für Werbezwecke schon längst die Hüllen fallen gelassen hatten, gaben sich die Männer noch spröde. Nackte Männerhaut als Verkaufshilfe war tabu. Erst 1967 gab in Frankreich Franck Protopapa seinen nackten Hintern für Unterwäsche hin. Später präsentierte sich ein verschämter Yves St. Laurent, nur mit Hornbrille bekleidet, und warb für sein Parfum. Unvergessen ist mir Burt Reynolds. In den siebziger Jahren war's, da lag er nackt auf dem Bärenfell, im unwiderstehlich grinsenden Mund eine Rose, die Hand über seinem Geschlecht.

Burt war der erste, der die weibliche Freude am Männerkörper ahnen ließ. Inzwischen entlarven die Werbezahlen unsere Lust am Mann: Sobald nackte Männerhaut für Herrenslips oder Düfte wirbt, steigen die Verkaufszahlen aufs Dreifache – schließlich sind es die Frauen, die für ihre Partner Unterwäsche und Duftwässer kaufen. Der Mann ist aber nicht nur ein Sexobjekt geworden, er steht auch am Prüfstand. Der Plakat-Luxusbengel mit Samthaut und Lockenkopf und der sportliche Kerl mit Falten und prallem Fleisch am richtigen Platz setzen Maßstäbe. Mit Produkten auf Hochglanz verglichen zu werden, ist für uns Frauen eine ärgerliche, aber gewohnte Tatsache. Jetzt spürt es der Mann am eigenen Leib: Es ist verdammt hart, der Beste sein zu wollen.

Der Erotiksender RTL will dem weiblichen, sexuellen Blick jetzt total nackte Männer bieten. In der Frauenshow „Weiber – von Sinnen" präsentierte sich erstmals ein nackter Mann. Er saß in einem Aquarium, in dem sich sein Pimmel wehmütig wie eine Wasserpflanze bewegte.

Wie finden wir denn das?

Ich persönlich finde halbausgezogene Männer anregender. Es ist zwar richtig, daß zum Ausgleich für nackte Frauen auch nackte Männer gezeigt werden. Aber sehr stimulierend sind sie nicht. Das ruhende männliche Geschlecht eignet sich aus ästhetischen Gründen nicht zur optischen Präsentation. Es muß lebendig erfahren werden ...

Drunter nichts

Wissen Sie schon das Neueste? Unterhosen sind mega-out. „Unten ohne" ist in. Laue Sommerlüftchen dürfen ungehindert über Schenkel streicheln und das Allerheiligste kitzeln. „Es ist zum Jauchzen", schwärmte mit Linda vor. „Ich fühle mich sexy und voller Energie."

Ich kann Linda verstehen. Wenn man korrekt gekleidet ist, hat man ein anderes Körpergefühl, als wenn durch den Verzicht auf das Höschen eine Auseinandersetzung mit just jener Körperregion provoziert wird, die im allgemeinen bedeckt, versteckt und womöglich „vergessen" werden soll. Der nackte Unterleib ermöglicht nicht nur ein Gefühl von paradiesischer Freiheit und Vitalität – durch den Bruch mit der Kleidertradition fühlt man sich auch stärker als sonst als geschlechtliches Wesen. Unterhosen entwickeln sich ja nicht nur als Wärmeschutz und Hygienemittel, sondern auch als Maßnahme, Erregendes und Verführerisches im täglichen Miteinander auszuschalten.

Die an- und erregende blanke Haut der Geschlechtszonen ist nur dann nicht tabu, wenn gebadet oder geliebt wird. Auch am FKK-Gelände dürfen Sonnenstrahlen und Wind die Liebesorgane kitzeln und kosen. Unter den geschützten Bedingungen der Freikörperkultur dürfen wir so tun, als wären wir freie Naturwesen.

Wir sind es natürlich nicht.

Vielleicht ist gerade deshalb das Gefühl, mit einem passenden „Darüber" den gesellschaftlichen Normen zu genügen, aber „darunter" nackto blanko zu sein, so anregend.

„Wenn ich Jeans ohne etwas darunter trage", gestand mir Linda, „bin ich richtig high." Lindas Mann sagte mir, daß ihr Gesicht an den Tagen, an denen sie unten herum nackt geht, verändert sei: „Es ist noch nackter als ihr Unterleib."

Mich wundert das nicht. Das Gefühl, das intimste und tabuisierteste Körperteil nicht mit Unterwäsche zu maskieren, wirkt wie ein Aphrodisiakum. Mehr noch – das nackte Geschlecht gibt auch ein Gefühl der Macht. „Ich fühle mich stark und durch und durch als Mann", beschrieb mir Günther, der im Hochsommer seine weißen Jeans ohne was darunter trägt, seine Gefühle. Der Soziologe H. P. Duerr meint, daß in jedem Menschen eine ausgeprägte Genitalscham stecke, weil den Menschen irgendwann zwischen 4000 und 2000 v. Chr. gedämmert sei, daß ihre Genitalien häßlich seien und daher versteckt werden müßten. Dieses urtümliche Gefühl der Scham zu überwinden und selbstbewußt zu der erotischen Landschaft des Geschlechtes zu stehen – das macht meiner Ansicht nach das Gefühl der provokativen Stärke aus.

Vielleicht fragen Sie sich jetzt beunruhigt, ob wir denn alle den Verstand verlieren und einen Salto rückwärts in die hosenlose finstere Epoche der Vergangenheit machen. Tun wir nicht. Aber es ist auch kein Zufall, wenn sich eine besondere Form der körperlichen Wahrnehmung, des körperlichen „feelings" bildet. Jean Gallop, eine feministische Dozentin an der University of Wisconsin, forderte erst unlängst dazu auf, mehr „mit dem Körper zu denken". Wenn uns ein von Unterwäsche befreiter Körper ab und zu daran erinnert, Körperwesen zu sein, kann das kein Nachteil sein . . .

Küsse süßer als Wein

Ich küsse für mein Leben gern. Und Sie? Was halten Sie von Küssen? Nicht viel? Schade, dann geht Ihnen nämlich ein wichtiger Teil der erotischen Kommunikation verloren. Ein sinnlicher Kuß kann nicht nur die sexuelle Erregung von 0 auf 100 katapultieren, er enthält auch Botschaften von Nähe und Vertrauen.

Ich habe es mir zur Gewohnheit gemacht, denjenigen, der wegen einer Partnerschaftsproblematik an mich herantritt, zu fragen: „Küssen Sie einander eigentlich noch?" Darauf bekomme ich regelmäßig zu hören: „Natürlich küssen wir uns noch. Aber . . ." Aber was? Aber eben nicht mehr so richtig, so sinnlich, wie früher.

Sobald sich in einer Beziehung Fremdheit breitmacht oder wenn die Liebe einen Knacks bekommen hat, mutiert der sinnliche Kuß zum flüchtigen Bussi. Es gibt keinen besseren Gradmesser für die Intimität eines Paares als den Kuß. Wenn sich die Lippen im Laufe der Jahre bei einem Kuß verschließen, haben sie sich schon vorher im persönlichen Gespräch verschlossen. Man weiß nicht mehr viel voneinander, man verschließt sich buchstäblich dem anderen gegenüber. Das Bild der geschlossenen Lippen beim flüchtigen Schmatz können Sie ruhig für die gesamte Partnerschaft nehmen! Aber wer hat schon den Mut, eine Weisheit des Körpers als Signal dafür zu sehen, daß es in einer Partnerschaft nicht mehr so richtig funktioniert? Da müßte man ja Dinge zur Sprache bringen, die unangenehm und sogar schmerzhaft sind. Man müßte womöglich ein eingefahrenes Verhaltensmuster ändern, man müßte sich anstrengen, man müßte . . ., man müßte . . . Da ist es natürlich leichter, man bagatellisiert das Küssen, reduziert es auf belangloses Geschnäbel oder auf eine rein sexuelle Handlung. Das alles ist einfacher, als sich einander wieder seelisch zu nähern, sich füreinander zu öffnen und, in der Folge davon, auch beim Küssen wieder die Lippen aufzumachen.

Auch wenn Sie es vielleicht nicht gerne hören, ist es doch so: Ein sachlicher Geschlechtsakt ohne emotionales Engagement ist leichter zu absolvieren als ein durch und durch sinnlicher Kuß. Ich bin sicher, daß jeder von uns diese Erfahrung schon einmal gemacht hat und daß in unseren Schlafzimmern täglich mehr Geschlechtsakte ohne innere Beteiligung als hingebungsvolle Küsse stattfinden. Sollten Sie auch zu jenen gehören, die schon seit längerer Zeit nur mehr rituelle Begrüßungsbussis und einen flüchtigen Kuß vor dem Liebesakt austauschen, können Sie ja die Probe aufs Exempel machen: Versuchen Sie, sich mit Ihrer(m) Partner(in) ohne viel Federlesens in einem langen, sinnlichen Kuß zu finden. Wetten, daß Sie das nicht schaffen? Es wird Sie aber kaum Anstrengung kosten, Ihre(n) Gefährten(in) zu einer schnellen Nummer zu bewegen.

Hätte ich die Möglichkeit, würde ich eine Kampagne „Rettet den Kuß" organisieren. Die Radiomoderatoren müßten fünfmal täglich fragen: „Haben Sie heute schon geküßt?", die Fernsehsprecher müßten das Verlesen der Nachrichten mit einer Erinnerung ans Küssen beenden, man dürfte zwecks ausgiebigen Küssens ein paar Minuten später zur Arbeit kommen oder früher gehen, und Kußentwöhnte bekämen Privatunterricht auf Kosten der Krankenkassa. Ein Kuß nach Beendigung eines Streites, ein Kuß nach einer gemeinsamen Arbeit, ein Kuß aus Dankbarkeit für eine Hilfe, ein Kuß aus Freude über eine gemeinsame Empfindung – ich bin mir ganz sicher, daß unter diesen Bedingungen nicht nur der Mund, sondern der ganze Mensch warm und weich und einer müden Partnerschaft neues Leben eingehaucht wird.

Auf den Mund gekommen

Ruth sieht anders aus. „Das machen meine Lippen", vertraute sie uns bei unserer Saunarunde an. „Ich habe sie mir mit Kollagen vergrößern lassen."

Nicht nur Ruth riskiert eine volle Lippe – auch Männer tun es. Wie ich hörte, haben männliche Fotomodelle ohne dicke Schnute heute keine Chance. Schlagen Sie eine x-beliebige Zeitschrift auf – es ist nicht mehr zu übersehen: Wir sind auf den Mund gekommen.

Die Lippen sprechen eine beredte Sprache darüber, was einer Gesellschaft wichtig ist und was nicht. Die Werte unserer Urgroßeltern waren Sparen, Bescheidenheit und Disziplin – der schmale, harte „Strichmund" verkörperte diese Ideologie. Repräsentierte Jean Gabin mit seinem schmalen Mund Verläßlichkeit und Fleiß, lasen wir von BBs Schmollmund den Trotz einer Generation ab, die in den sechziger Jahren auf die Barrikaden ging. Nun war die Verbindung zwischen Mann und Frau nicht mehr ausschließlich von materieller Sicherheit und Zusammenarbeit, sondern von sexueller Anziehung bestimmt. Also interpretierte man die Lippen als „Imitation" der weiblichen Geschlechtsorgane. „Wie der Mund des Weibes, so die Öffnung des Leibes" heißt es noch heute.

Breite und volle Lippen sollen fleischige, dünne Lippen magere Genitalien repräsentieren. Darüber läßt sich streiten. Augenfällig ist die Verbindung zwischen den Lippen und dem sexuellen Verlangen. Denken Sie nur daran, wie oft Sie schon gesagt haben: „Der/die sieht zum Anbeißen aus", „Den/die möchte ich vernaschen", „Ich bin hungrig nach Liebe". Auch der Lippenstift verstärkt die sexuelle Symbolfunktion der Lippen: Mit dem Lippenstift imitieren wir die intensive Rötung der Schamlippen vor dem Höhepunkt. Durch die sexuelle Erregung röten sich die Schamlippen aber nicht nur, sie schwellen auch an. Mit Hilfe des Collagens, das in die Lippen injiziert wird, wird auch diese sexuelle Schwellung imitiert.

Ich sehe in den begehrten, vollen Lippen aber auch die Genußlippen des Babys, das inbrünstig an seinem Flascherl nuckelt. In einer Zeit, in der allgemein über Lustlosigkeit und Genußunfähigkeit gejammert wird, signalisieren volle Lippen auch unseren Hunger nach Stimulation. Wieder einmal wird eine gesellschaftliche Charakteristik – die Genußgier – als Schönheitsideal anerkannt.

Sagen Sie als Mann jetzt bitte nicht, daß Lippengeschichten nur Frauensache seien. Auch Ihr Oberlippenbart spricht Bände! Er verdeckt weitgehend die visuellen Signale der Lippenmimik. Von Lippen, die mit einem Bart maskiert sind, kann man weder Angst und Erregung noch den Hunger nach Stimulation ablesen.

Ist das wirklich ein Vorteil?

LIEBESHUNGER

Allein Essende, allein Trinkende, allein Schlafende –
oh Götter, welch traurige Vorstellung.
Properz

Ein kleines bißchen Liebe!

Unlängst setzte sich ein Pärchen an unseren Tisch beim Heurigen. Ich traute meinen Ohren nicht: Der junge Mann bettelte um Sex wie ein kleines Kind um ein Eis. Nicht gerade, daß er die Hände faltete und „bitte, bitte" machte. Zuerst wehrte ihn das Mädchen nur mit einem Lächeln ab. Er insistierte weiter: „Bitte, ich habe so große Lust." Sie widersetzte sich nachdrücklich. „Nein, ich will nicht." Er gab die Bettelserenade nicht auf: „Bitte, ich hab' schon seit fünf Wochen mit keiner Frau mehr geschlafen." Daraufhin war sie so sichtlich angeekelt, daß sie darum bat, nach Hause gebracht zu werden.

Natürlich diskutierte ich mit meinem Liebsten über das Pärchen an unserem Tisch. Mein Bester ergriff die Partei für den Liebesbittsteller: „Das wäre doch eine tolle Sache für das Mädchen gewesen", meint er. Kann schon sein, daß sich der Bettelstudent im Bett als rasender Tiger entpuppt hätte. Trotzdem hätte das Mädchen sein Begehren nicht wirklich genossen. Um Sex darf ein Mann nämlich nicht betteln. Er darf darum werben und sich dafür in Szene setzen, aber betteln darf er nicht. Auch der Hinweis darauf, vor Verlangen fast verrückt zu werden, weil man schon seit ewig mit niemandem mehr ge ... eh schon wissen hat, läßt die Lust einer Frau wie Schnee in der Märzsonne zerrinnen.

Frauen reagieren auf sexuelles Betteln deshalb allergisch, weil weibliche Lust immer etwas Freiwilliges ist. Ein Mann hat eine Erektion, ob er will oder nicht. Wollen nützt ihm Nullkommajosef. Der Liebesdiener legt sich auch dann seelenruhig zur Ruhe, wenn ihn sein Herr mit einem mächtigen Willensakt dazu anhalten will, sich zu erheben. Umgekehrt kann Ihnen als

Mann ausgerechnet dann die Hose spannen, wenn Sie bei Tante Lintschis Kaffeejause sitzen. Zu einer Erektion kommt es also immer unfreiwillig. Bei uns Frauen ist es anders: Eine Frau hat die Freiheit, ihr Geschlecht zu geben oder nicht zu geben. Sie muß Erregung spüren, sich angezogen fühlen und sich hingeben wollen, um bereit für den Sex zu sein. Ich lege meine Hand dafür ins Feuer, daß das Betteln eines Mannes kein Grund für eine Frau ist, sexuell bereit zu werden. Im Gegenteil! Auch ohne bewußte Überlegungen spürt man als Frau sofort, daß man nur als Mittel zur Entspannung benützt wird.

Aber nehmen wir den umgekehrten Fall: Sie als Frau signalisieren einem Mann, daß Sie „es" unbedingt nötig haben. Na wunderbar, er besorgt es Ihnen liebend gerne! Er springt auch dann vor Glück darüber, Ihnen endlich Lust und Befriedigung verschaffen zu dürfen, wenn er weiß, daß er Ihnen so Wurscht ist wie der Zettelverteiler von der Straße nebenan. Einem Mann ist es egal, ob er als Individuum das Ziel des Verlangens ist oder nicht. Ihm genügt das Begehren, das er befriedigen kann. Das ist übrigens das Geheimnis der sexuellen Erfolge so mancher unattraktiven Frau: Wenn sie Gier und Geilheit signalisieren kann, sagt kaum ein Mann nein. Er ist sogar stolz darauf, als „Mittel zum Zweck" gesehen zu werden. Eine Frau will nicht Mittel zum Zweck sein. Frei flottierende Geilheit, die auf alles gerichtet ist, was aufrecht gehen kann und keinen Buckel hat, findet sie schlichtweg abstoßend.

Lassen Sie es sich also gesagt sein, lieber Freund: Betteln Sie nie, nie, nie, nie um Sex. Und verweisen Sie nie, nie, nie auf eine lange sexuelle Abstinenz. Eine Frau verzeiht einem Mann viel. Aber daß sich seine Lust genausogut mit einer anderen zufriedengeben würde, verzeiht sie ihm nicht ...

„Sag ja, und dann vergessen wir's!"

Nora, hübsch, selbstbewußt und alles nur nicht spießig, hat sich in einen verheirateten Mann verliebt. „Ich war zu allem bereit", gestand mir Nora. „Es ist nur deshalb nicht zum Letzten gekommen, weil er es mir unmöglich gemacht hat."

Unmöglich gemacht? Hat er nach Knoblauch gestunken? Aber wo, so etwas Banales war es nicht. Hat er von den Vorzügen seiner Frau geschwärmt? Nein, das hat er nicht. War er geizig? Auch das nicht. Er hatte Nora vorgeschlagen: „Laß uns einmal miteinander schlafen, und dann vergessen wir die Sache."

Auch wenn ich es mir jetzt mit vielen Männern verscherze, muß ich es doch aussprechen: Ein Angebot dieses Kalibers ist der Beweis dafür, daß der betreffende Mann Nullkommajosef von Frauen versteht. Nora konnte auf diesen Vorschlag beim besten Willen nicht eingehen. Genausogut hätte ihr Galan sagen können: „Ich fühle nichts, ich möchte mich nur an dir befriedigen." Das klingt selbst in den Ohren der tolerantesten Frau obszön. Wo sie doch etwas ganz anderes will – sie will einen Mann faszinieren. Auch dann, wenn sie genausogut wie er weiß, daß es bei dem einen Mal bleiben wird, will sie ihn verzaubern und zumindest in seiner Erinnerung existent bleiben.

Ich glaube, es ist kein Zufall, daß es mehr Männer als Frauen gibt, die eine Frau, mit der sie nur einmal im Bett waren, nach ein paar Jahren nicht mehr wiedererkennen: „Sie" war bereit zum „Ja", „er" zum Vergessen. Daß daraus nicht mehr werden konnte als ein unpersönliches Erlebnis, sachlicher Sex, ist klar. Aus Angst vor diesem Gefühlsdefizit und aus der dunklen Sehnsucht, dauerhaft begehrt zu werden, legen viele

Frauen Wert darauf, daß der Partner den Liebesakt lange ausdehnt: Je anhaltender die Erektion, um so größer die erotische Faszination. Daß das nicht so ist, weiß jedes Kind. Aber sobald es um Liebe und Sex geht, wird für Frauen oft und oft eine andere Logik gültig. Wie sonst ist es zu erklären, daß eine Frau so tut, als ob auch sie nur auf unpersönlichen Sex aus ist, und dann passiert es doch: Sie verliebt sich nach der ersten Liebesnacht prompt in ihren Lover. Nicht weil der so überirdisch toll ist, sondern weil für Frauen eben immer wieder Magie im Spiel ist.

Fast jede Frau weiß, daß ihr ganzes Fühlen durch Sex magisch verwandelt werden kann. Und kaum eine fürchtet sich davor. Männer sind da oft ängstlicher – sie wollen die magische Verwandlung auf 15 Zentimeter beschränken. Diese Schutzmaßnahme kann zwar davor bewahren, sich nicht zu verlieren, aber gewinnen kann Man(n) auch nichts. Nich einmal schöne Erinnerungen ...

Unter „Sommertraum" an den Verlag

Sophie hat wieder einen Partner. Stefan sieht nicht uneben aus. Er ist klug, hat Mutterwitz und eine beeindruckende Allgemeinbildung. Obwohl die Männer, die Sophie im Laufe der letzten Jahre angeschleppt hatte, allesamt unattraktiver und uninteressanter als Stefan waren, hatten sie bei ihren Freunden ein besseres

Entree als er. Sophie hatte Stefan nämlich durch eine Anzeige kennengelernt. Die allgemeine Abwehr, die Stefan entgegenschwappte, gab mir zu denken:

Warum werden Verbindungen, die durch Anzeigen entstanden sind, so viel Widerwillen und Mißtrauen entgegengebracht?

Ich muß zugeben, ich lese die Anzeigenspalten, die der Partnersuche vorbehalten sind, für mein Leben gerne. Ich verschlinge sie förmlich. Warum das so ist, überlegte ich erst, als Stefan auftauchte. Kleinanzeigen, in denen sanfte, zärtlichkeitshungrige Blondinen eine starke Schulter zum Anlehnen suchen und sich ein einsamer Wolf den ergrauten Pelz kraulen lassen will, berühren mich zutiefst. Da werden ein ganzes Leben und die Hoffnung auf eine andere Zukunft in ein paar karge Worte eingeschmolzen. Es werden Bitten formuliert, Ängste eingestanden und Sehnsüchte verraten.

Böse Zungen behaupten, daß Menschen, die ihr Lebensglück per Anzeige finden wollen, von vornherein abzulehnen seien. Was soll man sich denn von einem Mann erwarten, der präzise Angaben in bezug auf das Aussehen der zukünftigen Frau seines Lebens macht? „Zuschriften bitte nur von dunklem, südländischem Frauentyp" – ist das nicht widerlich?

Ich finde: nein. In meinen Augen ist eine Anzeige nicht das tyrannische Ausleseverfahren der Beziehungsgestörten, die sich auf das Abenteuer des Kennenlernens und gegenseitigen Abtastens, der Ungewißheit, der Liebe eben, nicht einlassen wollen. Zugegeben, es ist nicht der Zufall, der zwei Menschen zusammenführt, sondern eine Anzeige. Aber die „Vorauswahl" der Anzeige ist auch im allerersten visuellen und verbalen Schlagabtausch enthalten: Wie viele Kontakte versanden, nur weil die/der andere nicht auf Anhieb den Kriterien und Bedingungen entspricht, die man im Kopf hat! Lesen Sie doch einmal aufmerksam die Inserate! Existiert da nicht der gleiche Konkurrenzdruck wie in der Realität, derselbe Wunsch, wahrgenommen zu werden? Und was die Behauptung anlangt, daß Anzeigen der Schwanengesang der Verlierer, der resignierenden Einsamen seien, widerspreche ich auch in diesem Punkt. Wieviel Widerstand gegen das Schicksal, gegen Vereinsamung und gegen widrige Umstände steckt doch in dem Entschluß, eine Anzeige aufzugeben! Immerhin verläßt man damit die gewohnten Pfade der Verführung: Man selbst bleibt im verborgenen und versucht mit dem, was man von sich sagen kann, Gefallen zu erwecken. Nicht das reale Aussehen und die tatsächliche Persönlichkeit erwecken das Verlangen, sondern die Worte der Kleinanzeige. Was dabei herauskommt, ist nicht selten Liebeslyrik im Kleinformat. Nein, ich bleibe dabei: Die Kleinanzeigen in eigener Sache spiegeln nicht ein Ende wider, sondern einen neuen Anfang und die Fähigkeit, aktiv an seinem Schicksal mitzuwirken.

Sex, Lügen und Lob

Erst wußte ich nicht, ob ich mich über das, was mein Liebster sagte, freuen sollte. Dann wußte ich, daß ich allen Grund hatte, sauer zu sein: Das Lob, das er mir gespendet hatte, war gar kein Lob. Es war das Gegenteil davon – ein Ausdruck der Enttäuschung. Nicht nur uns Frauen passiert es immer wieder, daß ein Lob erst im nachhinein als Ablehnung begriffen wird. Auch jeder Mann hat diesen Zwiespalt schon einmal erlebt. Da war er im Bett gar nicht gut drauf, aber seine Gefährtin zerstreut seine diesbezügliche Bedenken mit der Bemerkung „Aber es war wirklich das, was ich schon immer wollte!"

So hilfreich diese – von der Psychologie als „Umdeutung" bezeichnete – Maßnahme im Alltag sein kann, auf dem erotischen Sektor richtet man damit oft soviel an wie der bekannte Elefant im Porzellanladen. Das, was als besänftigendes Zuckerbrot verabreicht werden sollte, wirkt wie Gift. Besagter Mann zum Beispiel wußte, daß die Behauptung seiner Liebsten nicht wahr sein konnte. Und er spürte, daß sie etwas anderes empfand, als sie aussprach. Widerwillig oder wütend – je nach Situation und Temperament – muß er also annehmen, daß er a) nicht nur ein miserabler Liebhaber war, sondern auch b) so unter aller Kritik agierte, daß seine Partnerin gar keine angemessenen Worte finden konnte und er von ihr daher c) mit einem verlogenen Kompliment grausam abgewimmelt wurde.

Das mindeste, was solche Augenblicke nach sich ziehen, ist ein Gefühl der Fremdheit. Auf jeden Fall lenkt falsches Lob die Aufmerksamkeit verstärkt auf den Bereich, mit dem es gerade Schwierigkeiten gibt. Ich kenne eine attraktive Blondine, die so lange nicht unter ihren – zugegebenermaßen – starken Oberschenkeln litt, bis sie eines Tages ein Liebhaber auf einen diesbezüglichen Einwand von ihr antwortete: „Ach komm, du hast die perfektesten Schenkel, die ich je gesehen habe."

Alles hatte sie – schöne Augen, einen schönen Busen und eine schmale Taille. Nur perfekte Schenkel, das wußte sie genau, hatte sie nicht. Daher empfand sie die unwahre Behauptung als Tadel eines körperlichen Nachteiles.

Nein, es ist schon so: Sobald der Partner oder die Partnerin im erotischen Bereich mit Unsicherheit zu kämpfen hat, sind Superlative eine Währung, die nicht gilt. Es gibt nichts Irritierenderes für eine(n) Lieben-de(n) als das Gefühl, der Bettgefährte spricht von einem Phantasiegebilde und hat mit der Person, die man tatsächlich ist, gar keine wirkliche Erfahrung gemacht. Ein Reichtum, von dem man ganz genau weiß, daß man ihn nicht besitzt, macht nicht reicher. Er macht ärmer.

Die erste Zeit als Single

Es ist also passiert: Er/sie hat Sie verlassen. Sie kommen sich im heimischen Doppelbett, beim Heurigen und beim Stadtbummel so verloren vor, wie die berühmte Träne im Ozean. Nichts wünschen Sie sich sehnlicher, als wieder ein Zweiergespann zu sein. Wenn jetzt einer käme ... Wetten, daß Sie alles falsch machen würden? Ein Großteil der Briefe, die ich bekomme, stammt von Frauen (und Männern!), die mit ihrer neuen Freiheit einfach nicht umgehen können. Single zu sein, das müssen Sie lernen, wenn Sie nicht wieder eine Bauchlandung machen wollen.

Nach all dem, was ich auf diesem Gebiet erfahren habe, muß ich Sie vor zwei Dingen warnen:

1. Vor der vermeintlich großen Liebe und

2. vor dem Berufs-Single.

Zur vermeintlich großen Liebe: Glauben Sie nur ja nicht, daß der Erstbeste, der Ihren Weg kreuzt, gleich wieder die große Liebe sein muß. Wenn Sie die Sehnsucht nach Wärme, Hautkontakt und Sex schüttelt, als hätten Sie 40 Grad Fieber, und Ihnen tatsächlich ein Kandidat zur Verfügung steht, dann greifen Sie zu. Aber reden Sie sich um Himmels willen nicht ein, daß er die große Liebe sein muß. Er muß nicht. Und die Wahrscheinlichkeit, daß er es ist, ist etwa so groß, wie zwei Lottosechser in einer Woche zu haben. Nehmen Sie das Erlebnis als das, was es ist – der Ausgleich eines Defizits. Tun Sie das nicht, bleiben Sie, buchstäblich blind vor Schmerz, womöglich an einem Typ hängen, der höchstwahrscheinlich noch schlechter zu Ihnen paßt, als der, der Sie verlassen hat. Zu Punkt zwei, dem Berufs-Single: Ich kenne ein paar von der Sorte, und ich weiß, wie sie agieren. Sie haben den Elan und die Lebensfreude, die Ihnen jetzt fehlen. Natürlich verlieben Sie sich und sagen Sie es. Damit haben Sie Ihr Schicksal besiegelt. Nach diesem Geständnis wird „er" vermutlich nicht mehr oder nur dann anrufen, wenn es ihm paßt. Sie leiden tierisch, und Ihr angeknackstes Selbstwertgefühl zerbricht wie ein Hohlripperl. Wenn Sie dazu fähig sind, sich einen Berufs-Single zu leisten, einfach so, zum Drüberstreuen, ohne Hoffnungen und Ansprüche, dann gönnen Sie sich ihn. Wenn Sie aber nur mit ganzem Herzen dabeisein können – Hände weg!

Ich beobachte immer wieder, daß diejenigen, die sich nicht verzweifelt bemühen, dem Single-Zustand auszuweichen, die sich in ihr Schicksal mit so etwas wie geduldigem Optimismus ergeben, am ehesten wieder einen Partner finden. In unzähligen Seminaren versucht man, frisch gebackenen Singles diese Haltung anzutrainieren.

Unsere Großmütter bemühten sich auch ohne Training darum: „Jeder Topf findet seinen Deckel", hieß es. Stimmt. Warten sie's nur ab...

Männer entdecken die Liebe,
Frauen den Sex

Sollten Sie jemals einem reifen Mann begegnen, der Ihnen beteuert, wie wichtig ihm Sex ist, glauben Sie ihm nur bedingt. Und sollten Sie jemals einem jungen Mann begegnen, der Ihnen schwört, daß ihm die seelische Liebe das Wichtigste ist, bleiben Sie skeptisch. Nach neuesten Umfragen des Biologieprofessors David Quadagno und des Soziologen Joey Sprague fallen Frauen und Männer einander aus völlig unterschiedlichen Motiven in die Arme: Je jünger die Männer sind, desto eher drängen sie aus rein körperlichen Bedürfnissen Richtung Doppelbett. Ab 36 Jahren entdecken sie die Liebe – Herz ist Trumpf, wenn's um Sex geht.

Bei uns Frauen ist es genau umgekehrt. Bis 36 sind es vorwiegend Liebe und die Sehnsucht nach Geborgenheit, die zu sexuellen Kontakten führen, später dominiert das Bedürfnis nach körperlicher Befriedigung. Daß sich bei Frauen im Laufe der Jahre die Lust am Sex steigert, ist ein alter Hut. Kinsey machte schon in den fünfziger Jahren darauf aufmerksam, daß die weibliche Orgasmusfähigkeit Jährchen für Jährchen zunimmt. Daher ist für mich die neue Studie vor allem in bezug auf die Frühling-Herbst-Verbindungen interessant, denen man mit Vorurteilen wie „Mutter- oder Vaterkomplex" begegnet. Die vitale Vierzigerin, die mit einem 23jährigen liiert ist, liegt vermutlich in puncto Sex auf derselben Wellenlänge wie ihr junger Hirsch. Und der Sechzigjährige, der mit einer 20jährigen verbandelt ist, mag's wahrscheinlich genauso gefühlsbetont wie sie. Was spricht eigentlich dagegen, diesen Aspekt zu berücksichtigen, wenn wir einem

Frühling-Herbst-Pärchen gegenüberstehen? Nicht jeder verliebte, ältere Herr ist ein unersättlicher Lustmolch und eine fünfzigjährige Frau kein geschlechtsloses Wesen, das jenseits von gut und böse ist. Da haben sich offenbar zwei gefunden, die denselben Liebesstil haben. Mir gefällt die Vorstellung, daß der reife Herr mit einer süßen 18jährigen kuschelt, drückt, kost und Händchen hält ebensogut wie das Bild einer Frau in den besten Jahren, die in den Armen eines jungen Geliebten von einem Höhepunkt in den anderen gleitet.

Warum soll es nicht auch beim Sex eine Perestroika, einen Wertewandel, geben? Er wäre der Beweis dafür, daß auch Sex einem Reifungsprozeß unterliegt. Als junger Mensch hat man noch klischeehafte Vorstellungen über Sex und über „typisches männliches" oder „typisches weibliches" Rollenverhalten. Entsprechend dieser Stereotype lebt man vielleicht die erste Hälfte seines Sexlebens. Erst mit den Jahren und mit zunehmender Erfahrung ist man dazu bereit, auch andere sexuelle Ausdrucksmöglichkeiten zu entdecken und auch zu leben ...

Berühren ist nicht verboten

Sie freuen sich, eine Freundin wiederzusehen. Aber drücken Sie sie spontan an sich? Sie fühlen sich Ihrem Liebsten ganz nah. Aber lassen Sie ihn das durch eine lustvolle Berührung spüren? Sie leiden mit einem Menschen, den Sie mögen. Aber schließen Sie ihn tröstend in die Arme? Ich glaube nicht. Die meisten von uns – ich schließe mich da nicht aus – haben mit nichtsexuellen Berührungen Schwierigkeiten. Dabei kann eine Berührung all das fühlen lassen, was für Ihre Gefühlslage Bedeutung hat: Erregung oder Beruhigung, Lust oder Geborgenheit, Ermutigung oder Trost. Kein Wunder, schließlich wird unser Leben von elementaren Berührungserfahrungen geprägt. Das Ungeborene wird vom behaglich-warmen Fruchtwasser umspült, das Neugeborene gewinnt durch die zärtlichen, schützenden Arme der Mutter Vertrauen zur Welt. Wenn ein Baby nicht gestreichelt, gehalten und liebkost wird, erleidet es erwiesenermaßen schwere seelische und körperliche Störungen. Erwachsenen ergeht es nicht anders. Die Haut hungert von Natur aus nach Berührungen: Die Gehirnareale, die für taktile Reize zuständig sind, sind wesentlich größer als die Regionen, die anderen Sinnesreizen entsprechen. Ich bin überzeugt davon, daß in so manchem Hallodri, der jeden Tag eine andere hat, ein hauthungriges Wesen steckt, das gehalten und gestreichelt werden will. Und ich weiß, daß unzählige Frauen oft nur deshalb mit einem Mann ins Bett gehen, weil sie gehalten und gestreichelt werden wollen.

Taktile Defizite, ach, was rede ich so geschwollen daher – der Mangel an liebevollen Berührungen verursacht Depressionen und Isolationsgefühle. Ärzte bestätigen, daß Hauterkrankungen ein Ausdruck für Hunger nach Hautkontakt sein können – die Haut schreit nach Berührungen! Trotzdem bleiben wir auf Distanz. Keine liebevolle Berührung, wenn jemand Kummer hat. Kein Drücken oder Halten, wenn man sich anlehnungsbedürftig fühlt. Nur wenn es um Sex geht, sind Berührungen nicht tabu: Berühren macht geil. Stimmt. Aber Berühren gibt auch Kraft, Trost, Wärme und Geborgenheit.

Ich finde, wir sollten öfter die Dinge tun, die uns als Kinder noch selbstverständlich waren: Küßchen geben – einfach so. Aus Lebensfreude oder Dankbarkeit. Händchenhalten, wenn ein Film spannend wird. Sich an einen anderen schmiegen, weil man Halt sucht. Schmusen, ohne auf Sex aus zu sein. Angreifen, Streicheln, Kitzeln, aus Lust am Hautkontakt. Berühren ist nicht verboten. Im Gegenteil. Es darf, es soll, ja, es muß berührt werden, wenn wir mit den Menschen, die wir mögen, und mit der Welt, in der wir leben, in Berührung bleiben wollen ...

Eine Begegnung der anderen Art

Bei der Premiere des Musicals „Cage aux Folles" („Ein Käfig voller Narren") kochte die gute alte Volksoper in Wien über von der Begeisterung des Publikums. Minutenlang wurde geklatscht, gepfiffen und gejohlt. Der Inhalt in Stichworten: Zwei Männer lieben einander, einer von ihnen hat einen Sohn, an dem der andere, eine typische „Tunte", Mutterstelle vertritt. Eines Tages will der Sohn heiraten, und die Eltern des Mädchens drängen darauf, die Eltern des zukünftigen Schwiegersohnes kennenzulernen. Daraus ergeben sich, wie könnte es anders sein, eine Fülle tragikomischer Situationen.

Ich glaube, daß es nicht nur das berührende Spiel von Karlheinz Hackl und Frank Hoffmann war, das das Publikum zu Begeisterungsstürmen hinriß. An dem überschwenglichen Beifall war auch die Beruhigung darüber beteiligt, daß Homosexuelle offenbar doch Menschen wie du und ich sind: sie hängen aneinander, sie haben Angst um einander, sie fühlen sich einsam oder voller Liebe. Plötzlich ist da nichts Verachtenswertes, nichts was man verfemen oder verfolgen müßte. Wenn Sie mir jetzt entgegenhalten, daß die Vorbehalte Homosexuellen gegenüber nicht zu Unrecht bestehen, weil ihnen immerhin Aids zu verdanken ist, muß ich Ihnen widersprechen. Krank machen nicht die Homosexuellen, sondern der Aids-Erreger. Daher ist auch nicht die Homosexualität gefährlich, sondern eine „sexuelle Praktik, die „normal" liebende Menschen oft praktizieren wie Homosexuelle.

Ich hoffe für diese Inszenierung, daß sie vor allem jene sehen, die Homosexuellen gegenüber nichts wie Vorbehalte haben. Das sind nicht wenige. Ich weiß, daß viele Homosexuelle mit Kriminellen gleichgesetzt werden. Sauberfrau und Saubermann können nur Konformes gelten lassen. Wüßte einer von ihnen, wie sehr an den meisten Homosexuellen der Wunsch zerrt, als das anerkannt und akzeptiert zu werden, was sie sind, nämlich Andersliebende, hätten sie vielleicht weniger Vorbehalte.

Auch wenn es in dem Musical vordergründig um Klamauk und Glamour geht, steht dahinter doch die Begegnung mit dem Andersartigen. Daß diese Begegnung mit soviel Enthusiasmus aufgenommen wurde, ist ein Beweis für die eigenen homoerotischen Anteile, die in jedem von uns stecken. Der Szenenapplaus, den Karlheinz Hackl bekommt, wenn er in einem aufwendigen Glitzerkostüm auftritt oder wenn ihm eine feminine Geste besonders gut gelingt, gilt nicht nur seiner Schauspielkunst. Der Beifall ist auch ein Zeichen der Erleichterung darüber, vor Menschen, die aus der Reihe tanzen, vielleicht doch keine Angst haben zu müssen...

116

Schenk mir doch
ein kleines bißchen Hiebe

Sie sind also der Meinung, daß Sex ein alter Hut ist. Anziehung, Begehren, Nachlassen des Verlangens, Langeweile, Ende. Dann begegnet man einem neuen Partner. Anziehung stellt sich ein, Begehren ... hatten wir das nicht schon? Natürlich hatten wir das schon. „Na also", sagen Sie jetzt schadenfroh, „es ist eben doch immer wieder dasselbe."

Stimmt nicht, behaupte ich. Auch der Sex ist Trends unterworfen. Denken Sie nur an die prüden fünfziger und die wilden sechziger Jahre. Oder an die Trendwende Ende der siebziger Jahre, die „Rückkehr zum Gefühl". Ob Frauen zuviel lieben oder Männer lieben lassen, sei dahingestellt. Auf jeden Fall will man wieder spüren und beben. Der Gefühlspegel kann durch vieles erhöht werden. Durch Romantik, aber jetzt erschrecken Sie bitte nicht, auch durch SM (Sado-Maso). Ich vermute, daß SM zur Zeit deshalb so „in" ist, weil derartige Praktiken mehr spüren und fühlen lassen. Ich rede nicht von dem zwanghaften Verlangen nach körperlichem Schmerz oder moralischer Unterwerfung – dem liegen bestimmte, frühe Ereignisse zugrunde, die meist nur mit Hilfe eines Therapeuten zu eruieren sind. Ich spreche von dem Trend, SM-Praktiken auszuprobieren. Einfach so. In Briefen und bei meiner nächtlichen „Hot-line"-Sendung fällt immer öfter die Frage: „Ist es normal, wenn ich solche Ideen habe?"

Es ist normal.

Es gibt kaum einen Mann, der sich nicht schon einmal mit Phantasien dieser Art beschäftigt hat. Und auf die Gefahr hin, mir eine feministische Rüge einzuhandeln, behaupte ich: Die Vorstellung von Schmerz und Unterwerfung erregt nicht nur die Männer, sondern auch Frauen.

Für viele Frauen und Männer erhöht oft erst das Element des Kampfes die Temperatur des Sex. Auch das Schmerzerleben kann den Tonus des Fühlens steigern – bei Orgien hat Schmerz immer eine große Rolle gespielt. Hier muß ich allerdings etwas klarstellen: Es ist nicht die Rede davon, eine Frau gegen ihren Willen körperlich oder seelisch zu quälen! Im „Normalfall" handelt es sich um ein reizvolles Spiel, um eine Möglichkeit, den Kontrast von Heftigkeit und Zärtlichkeit zu genießen und das Verlangen nach Auslieferung und Preisgabe zu stillen.

Wenn jetzt in Filmen und Romanen das SM-Thema verramscht und Ihre Phantasie angestachelt wird, sollten Sie nicht vergessen, daß Schmerz und romantische Liebe durchaus einmal eins sein können. Aber Sex als solcher ist nicht leidvoll, und Frauen sind nicht von Natur aus zum Leiden bestimmt ...

Das Spiel mit der Gefahr

Nahezu allen Frauen ergeht es irgendwann einmal so: Eigentlich nehmen sie es mit der Verhütung nicht so genau, aber ein Kind wollen sie nicht. Eigentlich war das Kind nicht geplant, aber ersehnt war es doch. Eigentlich weiß man, daß es die gefährlichen Tage sind oder daß das Aufpassen eine äußerst unsichere Verhütungsmethode ist, aber man spielt doch mit der Gefahr.

Warum tun wir das bloß?

Weil beim Thema Schwangerschaft zwischen dem bewußten, planenden Verhalten und den unbewußten Gefühlen eine nahezu unüberbrückbare Kluft besteht. Das kleine Wörtchen „eigentlich" beweist, wie sehr wir zwischen vernünftigen Überlegungen („Mit diesem Mann oder in meiner Situation ist ein Kind undenkbar") und einer schwer erklärbaren Lust an der Fruchtbarkeit („Ich will schwanger werden") hin und her gerissen sind. Ein Teil einer Frau will schwanger werden, ein Teil will nicht. Ich glaube, daß ist die Erklärung dafür, warum eine Frau eine ungewollte Schwangerschaft zum großen Erstaunen ihrer Umgebung zutiefst glücklich erleben kann: ein Teil von ihr war schon vorher damit einverstanden. Wenn ich das Bild der Mona Lisa sehe, kann ich mir gut vorstellen, daß es ihr so ergangen ist. Ihr mysteriöses Lächeln sagt den verblüfften Freunden: „Eigentlich war meine Schwangerschaft nicht geplant. Aber gewünscht habe ich sie mir doch."

Natürlich drängt sich jetzt die Frage auf, warum ein Teil einer Frau allen logischen Gegenargumenten zum Trotz schwanger werden will. Dafür gibt es mehrere Gründe. Welche Frau hatte noch nicht lebhafte Bilder von einem runden Bauch, von Kindesbewegungen, von Wachsen, Pochen und Klopfen, von Pracht und Fülle? Dann passiert es eben, daß sich in einer „schwachen Stunde" alle logischen Einwände in nichts auflösen und man der Verführung, diese Bilder wahr werden zu lassen, einfach nicht widerstehen kann. Manchmal ist auch Unsicherheit darüber, ob man nun die Fähigkeit der Fortpflanzung besitzt oder nicht, dafür verantwortlich zu machen, daß man „kopflos" handelt.

Um Mütterlichkeit, Kindererziehung oder gar um Männerfang geht es da nicht. Es geht um die Möglichkeit, schwanger werden zu können. Deshalb „passieren" diese unbegreiflichen Dinge vor allem dann, wenn man mit Hormonen die Periode verschob, lange Zeit die Pille nahm oder in Sachen Schwangerschaftsverhütung alles gespenstisch sicher läuft. Das Spiel mit der Gefahr hat also seine Geschichte. Je realistischer Sie die Situation sehen und je offener Sie darüber mit Ihrem Partner reden können, desto eher verhindern Sie, daß das Spiel zum Drama wird.

„Ich bin wie du"

Wenn ich den Namen Dagmar erwähne, sehen meine Freunde rot. Dagmar ist seit vier Jahren geschieden und intensiv auf Männersuche. Kaum lernt Dagmar einen Mann kennen, versucht sie zwischen ihm und sich so viel an Gemeinsamkeiten aus dem Ärmel zu ziehen, daß man sich – ihrer Meinung nach – stante pede verbandeln müsse.

Er hat vor einiger Zeit aufgehört zu rauchen? „Nein so was, ich auch!" behauptet Dagmar kühn. (Lächerlich, sie hat erst gestern mein Wohnzimmer vollgepofelt.) Er trägt gerne Jeans? Sie liebt Jeans! Am liebsten würde sie damit auch ins Theater gehen. (Lüge! Dagmar sieht in Jeans aus wie ein Fesselballon und trägt daher nur zweiteilige Kleider.) Er mag die Liebe am frühen Morgen? Was für ein putziger Zufall! Davon träumt sie seit ihrer Pubertät. (Haha! Dagmar ist bis zehn Uhr unansprechbar.) Er hat eine Vorliebe für Licht beim Sex? Nicht möglich, nur unter dieser Bedingung kann sie überhaupt Lust entfalten. (Unglaublich! Alle ihre Verflossenen amüsierten sich darüber, daß Dagmar schon das Licht abdreht, wenn sie erst am Weg zum Bett war.) Er hat zwei Ohren zum Hören? Nein, das gibt's ja nicht, sie auch! Er hat zwei Beine zum Gehen? Das darf nicht wahr sein – sie auch!

Ich gebe zu, daß Dagmar mit ihrer Methode, die übrigens Vertretern zur Verkaufssteigerung nahegelegt wird („Stellen Sie zwischen sich und Ihrem Kunden möglichst viele Gemeinsamkeiten her, dadurch steigt das Vertrauen und Sie bringen Ihre Ware leichter an"), oft Erfolg hat. Nicht nur Männer, auch wir Frauen sind entzückt, wenn man einem Menschen begegnet, der – vermeintlich – so ist wie man selbst. Erstens wirkt das bereits erwähnte Vertrauensprinzip, zweitens kann man sich selbst wie in einem Spiegel sehen, quasi seinem erweiterten Ich begegnen. Außerdem wird die Liebesbereitschaft enorm angekurbelt: Da sich jeder Mensch bekanntlich selbst liebt, müßte er folglich auch den lieben, der so ist wie er. Damit also taktiert Dagmar. Das ermöglicht ihr zwar Anfangserfolge, aber letztlich bleibt sie ja doch auf der Strecke. Menschen wie Dagmar sind nicht nur für diejenigen ein rotes Tuch, die ihre Masche durchschauen. Auch jene, die darauf hereinfallen, sind bald enttäuscht. Der Umgang mit der Fälschung von einem selbst wird nämlich sehr bald ermüdend und langweilig. Darum will ich die, die Dagmar ihre schnellen Siege neiden, ermutigen: Verzichten Sie darauf, der Abklatsch eines anderen sein zu wollen – machen Sie einem neuen Partner nur das eigene Angebot schmackhaft. Wirklich berauschend und faszinierend ist auf Dauer nur der Unterschied, den man immer wieder überwindet, um einander neu entdecken zu können . . .

Kaltgestellt

Einmal in vierzehn Tagen treffe ich meine Freundinnen zur Saunarunde. Katharina sagt ab. „Ich kann nicht kommen", sagt sie, „ich bin gerade dabei, mich von Leo zu trennen." Ich will auf Katharina nicht verzichten, sie ist immer ein Gewinn für uns. „Du wolltest dich doch schon zwölfmal von Leo trennen." – „Elfmal", korrigiert sie mich. „Ich kann wirklich nicht. Ich bin total am Ende."

Ich kenne Katharina schon seit zwanzig Jahren. Sie ist ein vitaler, gefühlsbetonter Mensch. Ich kenne aber auch Leo. Er ist emotionslos und verschlossen. Katharina wird es nie schaffen, mit Leo einen Kompromiß hinsichtlich ihres Zusammenlebens zu finden. Sie wird es aber auch nicht schaffen, einen endgültigen Bruch herbeizuführen. Bei Leo beißt man auf Granit. Ich habe mir Katharinas Problem schon oft und oft angehört und versucht, ihr Ratschläge zu geben. Vergeblich. „Hast du schon einmal gegen einen Schachautomaten gespielt?", wollte Katharina letzens wissen. „Er lächelt nicht. Er weint nicht. Er schreit nicht. Nichts kann ihn betroffen machen. Genauso ist Leo." Ein Alptraum. Ich denke an die Schachturniere zwischen Karpov und Kortschnoi. Die beiden haben sich in ihrem Verhalten ganz bewußt wie Roboter benommen. Einer ging aus dem Zimmer, wenn der andere spielte. Der andere trug eine Sonnenbrille, damit seine Mimik nicht zu sehen ist. Mit derartigen Aktionen haben beide die normale Interaktion unterbrochen. Das irritiert, verunsichert und verletzt.

Katharina kann Leo weder Tränenkanäle einbauen, noch kann sie ihm Sensoren für Gefühlsempfindungen verpassen. Leo ist eiskalt. Nur so ist zu erklären, daß er Katharinas Gesprächsversuchen ironisch und ihrem Schmerz gleichgültig begegnet. Daß Leo auch Katharinas verzweifelte Versuche, sich vor seiner Kälte zu retten und sich von ihm zu trennen, ignoriert, beweist einmal mehr, daß er sie als Mensch nicht ernst nimmt. Sein gleichgültiges Ausharren in der gemeinsamen Wohnung ist nicht, wie Katharina meint, ein Hinweis auf einen Funken von Liebe. Leo sabotiert Katharina, indem er sich durch Schweigen und Passivität allen ihren Annäherungs- und Trennungsversuchen widersetzt. Nicht Anhänglichkeit oder Liebe und schon gar nicht Stärke, wie Katharina immer wieder hofft, veranlassen Leo dazu, alle Kommunikationsversuche Katharinas zu boykottieren. Leo ist kalt wie ein Fisch.

Katharina sollte nicht nur weggehen, um zu uns in die Sauna zu kommen, sie sollte überhaupt weggehen. Wenn sie dasselbe täte, wie jener weltberühmte Schachspieler, der nur zu den eigenen Zügen ans Schachbrett ging und seinen Gegner einem leeren Stuhl gegenübersitzen ließ, hätte sie die Chance, daß Leo sie als Mensch wahrnimmt und ein Neuanfang mit oder ohne ihm möglich wird ...

Herzi macht ihn fertig

Manchmal greife ich mir an den Kopf: Da laufen meine zwei besten Freundinnen, beide charmant, gepflegt, humorvoll, intelligent und tüchtig, seit Jahren ohne Mann herum, und die nichtssagende Herta hat immer einen, der sich für sie die Haxen ausreißt. Vor kurzem hat Herta meiner Freundin Sandra einen neuen Verehrer ausgespannt. Er war ohnedies unerträglich knausrig, aber Sandra kann sich Gott sei Dank ihr Abendessen und ihre Theaterkarte selbst bezahlen. Doch plötzlich tauchte Herta auf, und der Sparefroh wechselte nicht nur die Fronten, sondern auch die Persönlichkeit. Durfte Sandra noch das Benzin für die Fahrt nach Budapest bezahlen, lud er Herta jetzt auf eine dreiwöchige Peru-Reise ein. Rackerte sich Sandra in ihrer Wohnung alleine mit Handwerkern ab, verlegte er bei Herta eigenhändig neue Elektroleitungen und sorgte dafür, daß endlich ein Teppichboden in ihr Schlafzimmer kommt. Damit sich Herta nicht wieder kalte Füße und einen Blasenkatarrh holt.

Herta, von allen „Herzi" genannt, quittiert den Wandel zum splendablen, fürsorglichen Partner weder mit ausgefallenen erotischen Verführungskünsten noch mit Zärtlichkeit. Trotzdem schafft sie es mühelos, daß er, wie die anderen Männer vor ihm, nach ihrer Pfeife tanzt. Das geht so: Herzi mimt die hilflose Schwache, die ohne der Hilfe dieses wunderbaren Mannes vollkommen verloren wäre. Herzi ist so ahnungslos, was Elektroleitungen und warme Füße anlangt, daß ein tüchtiger, umsichtiger Großgeist wie Stefan/Herbert/Günther, und so fort diese Angelegenheit für sie regeln muß. Herzi macht auch runde Augen, wenn es ums Verreisen geht: „Wenn du das nicht in die Hand nimmst, komme ich nirgendwohin."

Ich könnte Herzi würgen, denn ich durchschaue ihre Masche. Herzi ist genauso wenig hilflos wie die selbständige, tüchtige Sandra – sie tut nur so. Ich habe den Eindruck, daß die Männer mehr denn je auf das Gefühl, gebraucht zu werden, wichtig und unentbehrlich zu sein und auf die blauäugige Bewunderung eines vermeintlich schwachen Frauchens abfahren, wie Lokomotiven nach fehlgestellten Stellwerken. Herzi taktiert damit eiskalt. Ist dieser falschen Schlange ein Mann erst einmal auf den Leim gegangen, macht sie ihn gnadenlos fertig. Sie nützt ihn aus und wälzt Verantwortung ab, wo es nur geht. Dafür sagt sie ein paarmal täglich, wie klug und großartig er ist und wie sehr sie ihn braucht. So macht sie sich und vor allem den Mann an ihrer Seite restlos glücklich. Sehen Sie, genau deshalb fürchte ich, daß es meine beiden souveränen Freundinnen mit Männern immer schwerer haben werden als Herzi und Konsorten ...

„Er hat eine andere!"

„Er liebt mich nicht mehr." „Er will mich verlassen." Wie oft ich diese Sätze höre! Und fast immer folgt darauf die Frage: „Soll ich um ihn kämpfen?"

Vorausgesetzt, daß trotz aller Vorkommnisse die Achtung vor dem Partner nicht flöten ist, bin ich dafür, um sein Glück zu kämpfen. Wie viele Männer wollten irgendwann einmal auf und davon! Und wo sind sie heute? Zu Hause bei Mama. Keineswegs unglücklich, sondern rundum zufrieden. Wenn der Gesponse im Augenblick nur die „andere" im Kopf hat, mieselsüchtig ist und das Ehebett meidet wie der Teufel das Kruzifix, ist das schwer vorstellbar. Aber soll man deshalb resignieren und einen Mann wirklich mit Sack und Pack ziehen lassen? Tun Sie es nicht – auch wenn der Kampf um einen Liebespartner nie ein Bimmerl ist. Immerhin kämpfen da zwei Frauen mit hochkarätigen Waffen: Die Ehefrau führt die Kinder, die gemeinsamen Jahre und das gemeinsame Zuhause ins Treffen, die Geliebte die Leidenschaft und den Sex, beide appellieren an sein Verantwortungsbewußtsein. Im Kreuzfeuer dieser Gefühle geht es den meisten Männern nicht gut. Einerseits will er seiner Frau und seinen Kindern nicht weh tun, andererseits stehen sie seinen Empfindungen im Weg. Einerseits braucht er seine Familie, andererseits liebt er auch die „andere". Kämpfen Sie dennoch um Ihren Mann – rein statistisch gesehen stehen Ihre Chancen gut. Rund 90% der Männer kehren wieder an den häuslichen Herd zurück. Versuchen Sie, verständnisvoll und geduldig zu sein, und verzichten Sie darauf, Details seiner Affäre zu erforschen. Den Schmerz, den Sie sich mit diesen Informationen zufügen, bringt Ihnen nichts. Lassen Sie es nicht auf eine Kraftprobe („Wenn er erst aus dem Haus ist, wird er schon sehen, was er verliert") ankommen. Die Distanz zum heimischen Herd macht aus einem Eheflüchtling noch lange keinen reumütigen Heimkehrer. Im Gegenteil: Wenn der Absprung stattgefunden hat, hat die „andere" echte Chancen.

Wenn ich sehe, wie oft eine betrogene Ehefrau mit der Bemerkung: „Sei doch nicht so dumm" davon abgehalten wird, um ihren Mann zu kämpfen, ärgere ich mich. Ist es wirklich dumm, um einen Mann zu kämpfen, der sich schon einmal bewährt hat? Ich bin überzeugt davon, daß es nicht „dumm" ist, einem Ausbrecher mit Disziplin und Verständnis zu helfen, sein inneres Gleichgewicht wiederzufinden, ihm die Rückkehr zu erleichtern. Auch die Fähigkeit, verzeihen zu können, ist nicht „dumm". Ein edles Verhalten ist nie dumm. Es kann allerdings soviel Kraft kosten, daß man daran zu zerbrechen glaubt. Aber trösten Sie sich, auch das Bemühen, sich eine Liebe aus dem Herzen zu reißen, kostet Energie ...

Ein starker Abgang

Klaus kann keiner Frau einen Korb geben. Klaus will keine Wickel. Schon gar nicht, wenn es um Sex geht. Kriegt er eine eindeutige Aufforderung, zum eh schon wissen, nimmt er sie an. Obwohl er sich, wie ich mir sagen ließ, nach einem Opferakt dafür rächt, daß er sich zur Beute machen ließ. Manchmal geschieht das in Form eines unbeschönigten Rausschmisses. „Geh jetzt", sagt er dann. „Ich muß morgen früh aufstehen." Manchmal rächt sich Klaus für seine Unfähigkeit, im rechten Augenblick nein zu sagen, mit bösen, verbalen Angriffen, verletzt und einsamer als zuvor. Warum, so frage ich mich, geben so viele Männer verspätete, schmerzhafte und vor allem unnötige Körbe? Wäre es nicht humaner, sich schon vorher einen eleganten Abgang zu überlegen?

Ich glaube, wir Frauen beherrschen die hohe Kunst der Zurückweisung besser als die Männer. Wir haben nicht nur eine blühendere Phantasie, sondern auch das bessere Einfühlungsvermögen. Wenn wir einen Abgang vorhaben, können wir hervorragend lügen. Dadurch bewahren die „Abfuhren", die wir geben, Illusionen. Das ist entscheidend. Ein Mann, der von einer Frau taktvoll abgewimmelt wird, kann sich neu orientieren, ohne gleich an sich zweifeln zu müssen. Erst unlängst habe ich ein weibliches Bravourstück der Verweigerung beobachtet. Es verlief etwa so: Ein Mann scharwenzelte um eine Frau herum. Er machte ihr Komplimente und lud sie in ein französisches Restaurant ein. „Oh, das wäre wirklich schön", antwortete seine Angebetete mit einem bedauernden Seufzer. „Ich liebe die französische Küche." Ein tiefer Blick ließ das Herz des Verführers höher schlagen. „Aber mein Freund läßt mich keine Sekunde aus den Augen.“ Der folgende unmutige Seufzer gaukelt dem Bewerber einen eifersüchtigen, primitiven Unhold vor, bei dem es diese Schöne sicher nicht mehr lange aushält.

„Ich habe die größten Schwierigkeiten mit ihm“, bestätigt sie nun tatsächlich. Wieder ein Blick. Und was für einer! „Aber wenn ich mein Privatleben geordnet habe – vielleicht dann . . .?“ Der Verehrer war zwar enttäuscht, aber nicht entmutigt. Aufgeschoben ist ja nicht aufgehoben.

Kann schon sein, daß diese Vorgangsweise ein bißchen verlogen ist. Aber rücksichtsvoller und menschlicher ist sie auf jeden Fall. Daran sollten die Verweigerer denken, von denen die Zeitgeist-Magazine so gerne schwafeln. Nichts gegen die Verweigerung. Man kann nicht auf jede Frau und schon gar nicht immer Lust haben. Aber derbe Abfuhren müssen nicht sein. Höchste Eisenbahn, daß das die Lustlosen und Sexmuffeln lernen . . .

„Waschen, Legen, Zuhören, bitte!“

Wenn es mir mies geht, gehe ich zum Friseur. Mit oberflächlicher Eitelkeit hat das nichts zu tun. Was für den einsamen Single und den unverstandenen Ehemann die Bardame, ist manchmal der Figaro für die Frau. Ich bin felsenfest überzeugt davon, daß Friseure mehr Intimitäten und Probleme zu hören bekommen als Ehemänner, Beichtväter, Lebensberater, Frauenärzte und sogar mehr als die beste Freundin. Für das Intimverhältnis, das zwischen Frau und Friseur existiert, ist es unbedeutend, ob der Betreffende ein Haarkünstler ist oder nicht. Die Macht des Friseurs über Frauen liegt nicht in der Haarwäsche und nicht im Lockendrehen, sondern in der heilsamen Seelenwäsche und der verschlungenen Beziehung, die zwischen ihm und der Frau unter seinen Händen entsteht.

Ich habe genau studiert, wie Figaros mit Frauen umgehen. Wie liebevoll die blasse Dame begrüßt und behandelt wird! Wie zärtlich die Geste ist, mit denen Carlo, der in Wirklichkeit natürlich Karli heißt, ihre fetten Haare durch seine Finger gleiten ließ. Ein paar Minuten später ist der Körperkontakt noch intensiver: Sie gibt ihm mit geschlossenen Augen ihren Kopf hin, erzählt leise von den Geschäftsreisen ihres Mannes, von den Ausgehwünschen der sechzehnjährigen Tochter. Und er hört still und einfühlsam zu. Ein professioneller Helfer, der das Richtige heraushört, bevor es noch gesagt ist.

Es gehört nicht viel psychologisches Wissen dazu, um zu erkennen, wie hochgradig intim diese Situation ist. Wen wundert es da noch, daß spätestens beim Haarschneiden auch die Scheu fällt, die intimsten Geheimnisse auszusprechen. Was vorhin nur angedeutet wurde, hört Carlo nun klipp und klar: daß sich die Tochter während angeblicher Lateinnachhilfestunden mit ihrem Freund traf. Daß der geschäftsreisende Gemahl von seiner attraktiven Sekretärin unabsichtlich mit du angesprochen wurde. Während all dieser Zeit massiert und bearbeitet der Figaro nicht nur eine der geschütztesten, intimsten Körperzonen – den Kopf. Er entdeckt an der Frau auch noch in einer Situation Schönes, in der sie nicht gerade herzeigbar ist. Er ist ganz Ohr, hält Blickkontakt über den Spiegel, bestätigt, fühlt mit, ist ganz auf ihrer Seite und darüber hinaus auch noch fähig, verlorengegangene Schönheit wieder herzustellen. Bei dezenter Musik, umnebelt vom Duft betörender Parfums, entsteht unter den flinken Händen des Figaros ein neues Geschöpf. Schön, strahlend und befreit von Seelenmüll wird an der Kassa ein kleines Vermögen bezahlt, wandert ein ansehnlicher Schein in Carlos Tasche und eine um Jahre verjüngte Frau schwebt aus dem Salon. Danke, Carlo! Kopf- und Seelenmassage sind einfach unbezahlbar ...

Verlustangst – das geheime Aphrodisiakum

Verena und Ulrich ließen sich scheiden. Vier Monate später heirateten Verena und Ulrich wieder. Verena hatte ihren Mann immer nur gepiesackt. Jetzt ist sie verliebt wie noch nie.

Ich vermute, daß bei Verena ein Phänomen wirksam wurde, das viele Ehen oft über Jahrzehnte hinweg zusammenhält: Eifersucht. Als sich Ulrich entschloß, Verenas Freiheitsträumen nachzugeben und einer Scheidung zuzustimmen, wurde er für Verena vom bloßen Objekt zum Objekt der Begierde. Jetzt, da er für sie nicht mehr jederzeit zu haben war, jetzt, da er sich von ihr zurückgezogen hatte, wurde er für sie wieder interessant. Ich kann mich noch genau an den Abend erinnern, an dem ich mit Verena nach dem Kino zum Heurigen ging und in einer lauschigen Ecke Ulrich mit einer attraktiven Frau sitzen sah. Verena zitterte am ganzen Körper. Ein Blinder hätte sehen können, daß sie eifersüchtig war. Am nächsten Tag kam Verena – unaufgefordert – bei Ulrich vorbei. Um ihm seinen Tetanus-Impfausweis zu geben. Bei dieser Gelegenheit fragte sie Ulrich, ob er nicht mit ihr ins Konzert gehen wolle. Na ja, vier Monate später haben sie wieder geheiratet.

Auf die Gefahr hin, von Frauen als Kollaborateurin bezeichnet zu werden, behaupte ich: Frauen brauchen die Eifersucht für ihre erotischen Phantasien genauso wie die Männer – sie brauchen sie sogar noch mehr.

Wer weiß, ob Verena das Interesse an Ulrich verloren hätte, wenn er sich ihr schon früher entzogen oder sie eifersüchtig gemacht hätte. Verlustangst ist ein verläßliches Aphrodisiakum. Wenn Sie befürchten, einen Menschen zu verlieren, sehen Sie ihn sofort mit anderen Augen. Alle seine Möglichkeiten, Sie glücklich zu machen und zufriedenzustellen, werden Ihnen bewußt – wie damals im intensivsten Stadium der Verliebtheit. Es genügt das Gefühl, daß der andere gerade etwas abgekühlt ist, und schon erwachen die erotisierenden Verlustängste.

Vielleicht wehren Sie sich jetzt gegen die Vorstellung, Angst, also einem krankhaften Zustand, Lust- und Glücksgefühle zu verdanken. Warum eigentlich? Sehen Sie diese Angst doch auch als eine gesunde Möglichkeit, Ziele und Quellen des Glücklichseins zu erkennen und eigene Kräfte zu mobilisieren! Schließlich lieben Sie in dem Verlorengegangenen nicht nur seine Fähigkeit, Sie glücklich zu machen. Wenn er Ihnen wieder gegenübersteht, Sie berührt, küßt, liebt, repräsentiert er gleichzeitig Ihre eigene Leidenschaft und Ihren Willen. Derjenige, der behauptet, daß diese Ingredienzien nicht aphrodisierend wirken, lügt. Wir alle wissen, daß Sorgenkinder immer am meisten geliebt werden. Nicht, weil sie Sorgen machen, sondern weil sie auch lebende Monumente der eigenen Kräfte sind ...

131

Die erste Nacht

Sie sahen einander in die Augen, und die Welt um sie herum versank. Mit derselben schlafwandlerischen Sicherheit, mit der ihre Körper sich fanden und ihre Lust aneinander stillten, fanden sie danach im Schlaf. Zwei selige Kinder, so eins miteinander, als hätten sie das Geheimnis harmonischer Zweisamkeit wie ein Zwillingspaar schon im Mutterleib erfahren ...

Ja, so sieht die erste Liebesnacht in der Theorie aus. In der Praxis ist alles ganz anders.

Gut, man sieht einander in die Augen, aber das ist auch schon das einzige, was an dem Klischee der wunderbaren ersten Nacht stimmt. Daß die Welt um einen herum versinkt, stimmt schon nicht mehr. Es fällt einem zum Beispiel siedend heiß ein, daß man ausgerechnet heute die ausgeleierte, durch häufiges Kochen abgenudelte Unterwäsche anhat, die zwar herrlich kuschelig und bequem, aber nicht gerade attraktiv für Männeraugen ist. Eine Bekannte erzählte mir einmal, daß sie ihr geliebtes, aber grausliches Frotteehoserl schnell in die Handtasche verschwinden ließ, um ihren Liebhaber nicht zu verstören. Er war angesichts ihrer Blöße mehr als baff, denn obwohl sie beide ein Hoch hatten, lag dieses nicht auch über der Stadt. Da war es herbstlich kalt und feucht. Weiter: Zu allem Überfluß muß man ausgerechnet dann ganz, ganz dringend „raus", wenn sich die Körper mit „schlafwandlerischer Sicherheit" finden sollten. Aus lauter Angst, daß der junge, erotische Zauber Schaden nehmen könnte, dreht man am Klo den Wasserhahn auf und hustet laut und vernehmlich, um die profanen Geräusche des Pipimachens und der Klospülung zu übertönen. Schmiegt man sich dann entspannt lächelnd wieder in seine Arme, gibt sein Magen alarmierende Geräusche von sich. Man überhört sie höflich und stolpert mit dem Liebsten Richtung Schlafzimmer, weil der halbausgezogene Rock anmutiges Schreiten unmöglich macht und er seine Hände braucht, um die offene Hose zusammenzuhalten.

Endlich das Bett! Aber anstatt daß jetzt tatsächlich die Welt im Nebel der Leidenschaft versinken würde, geht das Drama überhaupt erst los. Er will völlig enthemmt lieben, sie will vorläufig nur kuscheln. Oder umgekehrt: Sie will unbefangen Sex genießen, er will von seiner gescheiterten Ehe erzählen. Gar nicht zu reden von den sexuellen Ängsten, die einen plagen!

Dann läuft das Ganze so lala, atemlos höchstens vor Nervosität und Verkrampfung. Aber man tut natürlich so, als wäre es das Nonplusultra gewesen. Anschließend bleibt er wach, weil er weiß, daß er schnarcht und sie nicht mit marterndem Gurgeln verschrecken will. Und sie schließt kein Auge, weil sie weiß, daß ihr im Schlaf immer die Kinnlade runterfällt und das nicht gerade verführerisch aussieht.

Wer hat uns den Schmarrn von der schlafwandlerischen Sicherheit, mit der zwei fremde Körper sich finden und ihre Lust aneinander stillen können, eingeredet? Was soll der Mumpitz vom seligen und gemeinsamen Schlaf?

Nein, mir kann keiner weismachen, daß die erste Nacht der Traum der Träume ist. Sie ist von Unsicherheit überschattet, und es fehlt die warme Lust der Intimität. Sie setzt ja die Nähe voraus, die man gerade erst herstellt. Die erste Nacht ist nur für diejenigen das Maximum, die nicht mehr als neue Reize brauchen. Genießer schätzen das, was danach kommt ...

Bleib mir treu!

Ist Ihnen Treue wichtig? Ja? Ich dachte es mir. 85% der Menschen bekennen sich zum Ideal der Monogamie. Trotzdem passiert es im Durchschnitt jedem zweiten Mann und jeder zweiten Frau, daß sie, ihrem Ideal zum Trotz, untreu werden. Nicht nur das ist verwunderlich: Warum riskieren sie für so etwas Primitives wie sexuelle Befriedigung – so wird der Treuebruch ja gerne gesehen – Familie, Kinder, Existenz, Ansehen, berufliches Fortkommen und weiß der Teufel was noch? Weil hinter einem fortgesetzten, untreuen Verhalten mehr steckt als bloß die Gier nach einem Busen, nach kräftigen Männerarmen oder ekstatischen Liebesschreien.

Meiner Meinung nach kommt es zu einem Treuebruch nicht nur wegen einer sexuellen Anziehung. Oft ist in der bestehenden Beziehung der sprichwörtliche Hund begraben. Das heißt um Himmels willen nicht, daß man sich, hat man sich erst einmal für jemanden entschieden, nie mehr von einem anderen erotisch angesprochen fühlt! Natürlich kommt das immer wieder vor. Sie, ich, jeder von uns, hat aber die Freiheit, darüber zu entscheiden, ob er dieser Attraktion nachgeben will oder nicht. Wenn Sie diese Freiheit nicht haben, sondern Ihren stürmischen Emotionen immer hilflos ausgeliefert sind, stimmt etwas nicht.

Möglichkeit Nr. 1: Die Liebe ist tot.

Möglichkeit Nr. 2: Das Abenteuer soll dazu dienen, das Machtgefälle in einer Partnerschaft auszugleichen. Wer sich in einer Beziehung als ohnmächtig erlebt, kann dazu neigen, sich mit Hilfe einer anderen Beziehung aufzuwerten.

Möglichkeit Nr. 3: Mit den Nähe-Distanz-Fragen

hapert es. Wer sich zu sehr eingeengt fühlt, will sich vielleicht mit einer Außenbeziehung „Luft verschaffen".

Möglichkeit Nr. 4: Es wird unbewußt eine Beziehungskonstellation aus der frühen Kindheit wiederholt. Beispiel: Ein notorisch untreuer Ehemann versucht, sich mit Hilfe einer Geliebten von seiner dominanten Mutter, die er in der Gestalt seiner Ehefrau wieder erlebt, zu lösen.

Möglichkeit Nr. 5: Die unbewußte Angst vor dem Älterwerden und dem Sterben soll durch junge Liebespartner gebannt werden.

Möglichkeit Nr. 6: Sex wird als einzige Chance gesehen, sich zu bestätigen und als liebenswert zu erleben. Läuft die häusliche Libido nicht mehr so recht, und das ist oft schon nach vier Jahren der Fall, wird die dringend benötigte Bestätigung häufig woanders gesucht. Last, not least gibt es auch noch den einmaligen Ausrutscher, der selbst dem Frömmsten der Frommen passieren kann.

In diesem Fall: Schwamm drüber! In den anderen Fällen halte ich es für besser, offen und ehrlich zu sein und sich nicht auf die sexuelle Faszination auszureden, sondern die Hintergründe des Strauchelns aufzuspüren.

Aber Untreue muß sich nicht unbedingt im Bett abspielen! Genauso oft wird die Treue außerhalb des sexuellen Bereiches gebrochen. Zum Beispiel wenn er/sie sich aus aktuellen, egoistischen Motiven nicht zum/zur Partner(in) bekennt. Oder wenn er/sie die/den andere(n) für seine Zwecke benützt und ihr/ihm gegenüber immer unaufrichtig ist.

Nein, ich lasse mir den Blick für die Bedeutung der Treue nicht trüben. Eine Liebesnacht mit einem Dritten ist ohne Frage ein direkter Betrug und tut sehr weh. Noch schlimmer aber ist es, sich auf seine treue Gesinnung zu berufen und dabei dennoch den Menschen zu verraten, mit dem man einmal ein „Bündnis" – nichts anderes steckt im Treuebegriff – eingegangen ist . . .

Hochzeitsnacht im Mai

Der Mai ist gekommen: Standesämter haben wieder Hochbetrieb. Laut Statistischem Zentralamt tauschen im Mai rund 57 Prozent mehr Heiratslustige die Ringe. Ich trau' mich wetten: Die meisten von ihnen erwarten sich von der Hochzeitsnacht etwas Besonderes. Aber Neues wird nur selten passieren, denn heute wird eine Frau mit etwa 16,5 bis 17 Jahren entjungfert und heiratet mit durchschnittlich 24 Jahren. Da weiß man, was einen nächstens erwartet.

Trotzdem erhofft man sich von der Nacht der Nächte mehr als das Übliche. Mehr Feierlichkeit. Mehr Ergriffenheit. Mehr Hitze. Eben deshalb ist für viele die Hochzeitsnacht eine Enttäuschung. Denn soviel ich weiß, passiert in den Hochzeitsnächten von heute zwar eine ganze Menge, aber nicht im Bett.

Meist gehen dem Augenblick, in dem man endlich allein ist, soviel Anstrengung und Tohuwabohu voraus, daß man nur noch eins kann und will: schlafen. Früher, als die Hochzeitsnacht noch historische Bedeutung hatte und das berühmt-berüchtigte erste Mal tatsächlich in der Hochzeitsnacht stattfand, war die Hochzeitsnacht für viele Männer ein Alptraum: Die Verantwortung, ein unberührtes Mädchen entweder zu einer glücklichen Frau oder zu einem unglücklichen Geschöpf zu machen, lastete zentnerschwer auf dem Mann, der meist auch nicht allzuviel Erfahrung besaß. Kein Wunder, daß die „Hochzeitsnacht-Impotenz" eine gängige Erscheinung war. Es gibt sie aber heute noch: Man(n) erlebt sie zwar nicht ausgerechnet in der Hochzeitsnacht, aber oft dann, wenn in eine erste Nacht besondere Hoffnungen gesetzt werden. So sehr hatte man sich danach gesehnt – und nun das! Auch der brennende Wunsch vieler frisch verheirateter Ehepaare, die erste gemeinsame Nacht als Mann und Frau besonders intensiv zu erleben zu wollen, kann den verliebtesten Jung-Ehemann vorübergehend flügellahm machen.

Das magische Bedürfnis, sich auch sexuell zueinander zu bekennen und nicht nur am Standesamt und in der Kirche, sondern auch im Bett die Liebe zu besiegeln, endet meist als Flop: Erstens lassen sich sexuelle Empfindungen nicht planen und organisieren, zweitens haben es beeindruckende Feierlichkeiten und kirchliche Zeremonien in sich. Gefühle und Empfindungen werden dadurch oft so „geheiligt", daß entfesselter, „sündiger" Sex einfach nicht mehr drin ist.

Aber ich kann Sie trösten: Es wird noch viele andere Nächte geben, die diesen besonderen Glanz ausstrahlen. Sie werden Ihnen helfen, mit dem Happy-end, das Sie in einer Nacht im Mai gefunden haben, möglichst lange umzugehen ...

Im Dunkeln ist gut munkeln

Licht oder nicht Licht – das ist die Frage. Die Mehr-zahl der Frauen beantwortete sie mit dem stummen Griff zum Lichtschalter: kein Licht. Wenn das Schä-ferstündchen schlägt, wird es dunkel in unseren Schlafzimmern. Ich kann mir erklären, warum es vie-len im Dunkeln doppelt Spaß macht:

Im Dunkel der Nacht ist Nacktheit leichter erträg-lich. Welche Frau, die schon geboren hat, und wer von den Frauen, die zeit ihres Lebens mit Übergewicht oder vermeintlichen Schönheitsfehlern zu kämpfen hat, hat schon eine positive, entspannte Beziehung zum eigenen Körper. Die meisten werden von hellem Licht verunsichert. Wenn man sich bemüht, das Bäuchlein einzuziehen, den Busen in eine vorteilhafte Position zu bringen oder einen schönen Gesichtsaus-druck zu bewahren, kann man sich nicht gleichzeitig lustvollen Empfindungen hingeben. Warum Frauen sogar noch in den intimsten Augenblicken schön sein wollen? Weil in unseren Köpfen Weiblichkeit und Schönheit immer noch eins sind. Deshalb brauchen viele Frauen die Dunkelheit als Verbündete. Sie ver-hüllt, was nicht ins Auge stechen soll, und erlaubt einer Frau, sich ungehindert hinzugeben.

Männer sind da unbekümmerter. Für sie ist Schön-heit und Männlichkeit nicht eins. Ihre „Männlichkeit", wie in der Literatur das männliche Geschlechtsteil be-zeichnenderweise genannt wird, wird durch eben die-ses symbolisiert. Nomen est omen. Das ist der Grund, warum die ästhetischen Ansprüche der Männer an sich selbst auffallend niedriger sind als die der Frauen an sich. Ein Bauch tut's auch. Schlaffe Haut ist nicht tra-gisch – Hauptsache Man(n) bleibt den sichtbaren Beweis seiner Männlichkeit nicht schuldig. Unfaßbar, wofür lächerliche zwölf Zentimeter entschädigen können.

Aber auch Männer wissen sich die Dunkelheit oft zu schätzen: Wenn das Sehen nicht ablenkt, ermöglichen die Sinne, die beim Liebesakt dominieren – das Spüren, Riechen und Schmecken –, intensiveren Genuß. Es ist so wie damals, als uns als Kind ein besonderer Genuß mit den Worten versprochen wurde: „Augen zu, Mund auf." Simone de Beauvoir interpretiert das Schließen der Augen, mit dem eigentlich Dunkelheit „erzeugt" wird, als einen physiologischen Reflex, der die Erweiterung der Pupille – ein Zeichen der Lust – kompensiert: kein visueller Reiz soll den Genuß trüben. Außerdem sollen die geschlossenen Augen die körperliche Trennung aufheben und das ersehnte Verschmelzungserlebnis ermöglichen. Die Dunkelheit setzt aber auch Phantasien in Gang. Man hebt ab von der Wirklichkeit und betritt das Traumland der Lust. Bon voyage ...

Das Geheimnis der Liebeserklärung

„Ich weiß nicht, warum es so ist", sagte unlängst eine Freundin zu mir, „ich weiß nur, daß es so ist: Wenn ein Mann zu mir ‚Ich liebe dich' sagt, verliere ich den Verstand." Auch wenn sie ihrerseits die magische Formel ausspricht, sei „die Wirkung unheimlich – wie ein

Aphrodisiakum". Ich erinnere mich an meine Jahre der Partnersuche: Stimmt, wenn mir der Mann, in den ich gerade verknallt war, „Ich liebe dich" zuflüsterte, mußte ich alle Energien aufwenden, um einen klaren Kopf zu bewahren. Bei den drei großen Lieben meines Lebens war es nicht viel anders: Den schönsten und aufregendsten Liebesstunden war immer diese Liebeserklärung vorangegangen. Nicht nur das. Auch mich – und ich bin da sicher nicht die einzige – drängt es im Überschwang der Gefühle immer noch zu der Liebesformel. Im ärgsten Tumult der Gefühle müssen sie gesagt sein, die scheinbar harmlosen zwölf Buchstaben. Man hat sonst das Gefühl, unterzugehen im Strudel der Empfindungen. Grund genug, nachzudenken über den Code, der uns dazu veranlaßt, den Verstand zu verlieren, über uns hinauszuwachsen oder einander in die Arme zu fliegen.

Die Wucht der drei Wörtchen ist damit zu erklären, daß sie nicht weniger als fünf hochexplosive Botschaften und Absichten in sich bergen. Die erste und einfachste: Man gesteht ein Gefühl ein. Damit will man zweitens zwischen sich und dem anderen eine Symmetrie herstellen. Man fordert von dem, auf den die aufgewühlten Gefühle gerichtet sind „Liebe du mich genauso". Drittens soll mit der Liebesformel der andere, durch den man so außer sich geraten ist, bewältigt werden: Was stellt er an mit mir, daß ich gar nicht mehr weiß, wer ich bin? „Ich liebe dich" ist also auch ein Zauberspruch, mit dem die Wirkung des Partners überschaubar gemacht werden soll. Viertens will man mit dem Aussprechen der drei magischen Worte wieder zu der inneren Ruhe zurückkehren, die vor der Gefühlsekstase geherrscht hat: Was man benennen kann, schafft (hoffentlich) keine Unruhe mehr. Und fünftens heiligt „Ich liebe dich" den oft immer noch als sündig empfundenen Sex.

140

Mich wundert es nicht, daß ein geflüstertes „Ich liebe dich" jedem von uns durch Mark und Bein geht. Aber glauben Sie nicht jedem, der Ihnen bei Meeresrauschen oder unter einem postkartenblauen Urlaubshimmel „Io ti amo", „I love you" oder „Je t'aime" zuflüstert. Es gibt unzählige Schwindler, die mit der zauberischen Wirkung der Liebesworte taktieren. Diese Gauner erkennen Sie daran, daß sie zwar großzügig mit dem „Ich liebe dich" umgehen, aber gleichzeitig unzählige Möglichkeiten parat haben, die Wirkung der Beschwörungsformel abzuschwächen.

Die Zeit danach

„Ich bin doch kein kleines Kind mehr", sagte Eva unlängst zu mir. „Ich kenne die Männer. Trotzdem kränkt es mich, wenn Heinz nach einer Umarmung einfach wegtaucht." Das kenne ich doch, denke ich mir. Das kommt mir bekannt vor, darüber werde ich schreiben. Also ran an den Schreibtisch. Na? Warum fließen denn die Worte nicht? Weil es nicht leicht ist, jenes Unfaßbare zu fassen, das zwischen dem letzten Lustseufzer und dem ersten klaren Gedanken schwebt. Ich versuch's trotzdem.

In Liebesromanen und Filmen machen „danach" zwei erhitzte Menschen glückliche Gesichter und schmiegen sich innig aneinander. Jubel, Jubel! Wie schön wir es haben, wie glücklich und dankbar wir sind. Küßchen, Küßchen. In der Wirklichkeit hat der süße Taumel ein jähes Ende. Dem Orgasmus entflieht die innige Umarmung, der Gipfel der höchsten Lust bringt gleichzeitig den Abstand voneinander. Zumindest einer der Akteure dreht sich um, schläft ein und schnarcht. Oder er geht aufs Klo, raucht, sieht fern, liest oder holt sich etwas zu essen. Der andere liegt im Bett, zweifelt an sich und verzehrt sich vor Sehnsucht nach Wärme und Nähe. Nur in den seltensten Fällen hält sich ein Paar „danach" so zärtlich in den Armen, als wolle es sich nie wieder trennen. Nicht zufällig ist es meist (aber wirklich nicht immer!) der Mann, den zärtliche Berührungen „danach" gleichgültig bis zum Widerwillen lassen. Sie kennen ja die unterschiedlichen Lustkurven von Mann und Frau: steil ansteigend und jäh abfallend beim Mann, langsam ansteigend und sanft ausgleitend bei der Frau. Gier und Blackout bei ihm, nach und nach zunehmendes Verlangen und sinnliches Verebben der Lust bei ihr. Dazwischen: Frust. Er „wie tot", sie kränkt sich, fühlt sich ungeliebt.

Ich weiß von vielen Frauen, daß sie die Kälte nach einem Liebesakt als Ablehnung ihrer ganzen Person erleben. Natürlich kann hinter Gleichgültigkeit tatsächlich ein halbherziges, erotisches Engagement oder mangelnde Zuneigung stecken. Wer von uns weiß nicht, daß ein Mann durch einen Hormonstau zwar zu einer ungeliebten Frau getrieben werden kann, aber „danach" nichts wie weg, weg, weg will. Es ist wie beim Essen: Erst wünscht er sich nichts sehnlicher als Gulasch, und nachher graust ihm sogar vor dem Geruch.

Es ist aber auch möglich, daß ein abrupter seelischer und körperlicher Rückzug nur der Ausdruck einer legitimen biologischen Funktion ist: Man ist erschöpft und befindet sich in der sogenannten Aufbauphase, in der erotische Instinkthandlungen nur noch schwer oder gar nicht mehr anspringen. Man „braucht" diesen Abstand, um Kräfte fürs nächste Mal zu sammeln.

Trotzdem tut's weh. „Ich habe das Gefühl, als ob für Heinz nur mein Körper und nicht ich als ganze Person wichtig gewesen wäre", sagt Eva sehr treffend. Hmmh. Da ist was Wahres dran. Ich habe es selbst schon erlebt, daß das Gefühl, nur ein abgelehnter Körper zu sein, sich nicht auf den Augenblick beschränkt. Es wird quasi „zurückdatiert" und man glaubt, daß die Zuwendung von „vorher" nur Mittel zum Zweck war. Das ist es, weshalb Liebesworte und -gesten „danach" nicht nur heiß ersehnt werden, sondern auch doppelt wiegen! Ein zärtliches Einanderhalten, ein liebes Wort, das genügt. Aber wenn nicht in der Phase der absoluten Wunschlosigkeit – wann dann kann man am überzeugendsten zeigen, daß man den/die Partner(in) als Ganzes liebt und nicht nur durch die Biologie zu ihm/ihr getrieben wurde . . .?

HAUSMANNSKOST

Wer sich erkennt, wird in der Liebe klug sein.
Er führt durch, was er vermag und läßt sich das genug sein.
Ovid

Manche lernen's nie

Es gibt sie immer noch, die Unverbesserlichen, Starrsinnigen, die glauben, daß Frauen Männer nur nach ihrem Erfolg und ihren charakterlichen Vorzügen beurteilen. Irrtum. Die Ansicht, daß Männer nur ein festes Einkommen und sonst gar nichts bieten müssen, ist so überholt wie Tante Lintschis Kanonenofen. Auch wir Frauen fällen mit den Augen eine erste Entscheidung. Natürlich galt für meine Großmutter noch der Spruch: „Der Mann ist, was er beruflich darstellt." Aber für die Frau von heute gilt die Devise: „Der Mann ist, was wir von ihm sehen."

Die eine mag die großen, blonden Männer, die andere kriegt bei den kleinen, handlichen Herzflimmern. Aber egal, ob groß oder klein, bunkert oder dünn – es gibt bestimmte ästhetische Grundsätze, die für alle gelten. Wahrscheinlich kennen Sie die optischen Sünden, die Frauen oft dazu veranlassen, einen Mann buchstäblich als „unansehnlich" einzustufen und links liegen zu lassen. Falls Sie sie vergessen haben, bringe ich Sie Ihnen wieder in Erinnerung:

- Zu enge Anzüge
- Schmutzige Schuhe
- Müde Hemden
- Flecken auf Sakko oder Hose
- Große Ringe
- Ungepflegtes Haar
- Ausgemergelte Krawatten
- Vernachlässigte Zähne
- Lange Fingernägel
- Trauerränder unter den Nägeln

Ich gebe zu, daß das, was Frauen an Männern anziehend finden, nicht nur mit akkuraten Hemden oder

Designer-Krawatten, sondern sehr viel mehr mit dem „gewissen Etwas" zu tun hat. Eine Stimme, die unter die Haut geht, oder eine bestimmte Art zu schauen. Die sexuelle Anziehungskraft, die von diesen Signalen ausgeht, kann so akut sein, daß man meint, den Weg bis zur nächsten Couch nicht mehr zu schaffen.

Das ändert aber nichts daran, daß Bilder, die von den Augen aufgenommen werden, sofort ins Denkzentrum weitergeleitet und hier über kreuz und quer laufende Nervenbahnen Erinnerungen und Phantasien hergestellt werden. Farben, Formen und Kleidung werden zu sexuellen Reizen, die Vorstellungen über die erotischen Freuden wachrufen, die Sie erwarten könnten. Ich kenne Frauen, die weiche Knie bekommen, wenn Ihr Blick auf die gepflegten Hände eines Mannes fällt. Eine Hand ist eben nicht nur eine Hand, die einen Schraubenzieher, Bleistift oder ein Bierkrügel hält. Eine Hand tastet, liebkost, streichelt und schenkt Wonneschauer. Und eine Krawatte ist nicht nur ein speckiges Schnürl um den Hals, sondern ein bedeutungsvolles Signal, das Phantasien wachruft. Ein bißchen Sorgfalt und schon geht die erotische Saat auf. Ästhetische Bilder kitzeln nicht nur die Augen. Wer das noch immer nicht kapiert hat und sich trotz grauslichem Outfit für unwiderstehlich hält – dem ist nicht zu helfen.

Muttersöhnchen sind
schlechte Partner

Erika hängt an Peter: fein.

Peter hängt an Erika: na wunderbar.

Mama hängt ebenfalls an Peter: was sonst?

Und Peter hängt an seiner Mama: Da liegt vielleicht der Hund begraben.

Nicht daß ein Sohn seine Mutter nicht lieben dürfte! Er soll sie lieben. Tief und innig. Ein Leben lang. Aber irgendwann auf dem beschwerlichen Weg zum Erwachsenwerden sollte es ihm gelingen, sich von seiner Mutter abzunabeln. Er soll sie weiterhin lieben, aber gleichzeitig soll er unabhängig von ihr werden. Viele Männer schaffen das nicht – sie bleiben ein Leben lang an die Mutter gekettet.

„Mamas Liebling" ist oft gut getarnt. Es muß nicht sein, daß er mit 35 noch in Mutters Nest hockt, sich von seinem Chef piesacken und von Bekannten ausnützen läßt. Ein Muttersöhnchen kann so forsch wie Schimanski oder so souverän wie Michael Douglas wirken. Ob ein Mann trotz Erfolg, Ehering oder wechselnden Freundinnen immer noch an Mamas Rockzipfel hängt, entscheidet sich in Augenblicken, in denen seine besondere Beziehung zur Mutter zur Crux für eine Partnerschaft und die „zweite Frau" wird. Wenn

- ... im Alltag die Mutter die Dritte im Bunde ist,
- ... es nur heißt „Mutti hier, Mutti da",
- ... Mutters Vorstellungen von einem Leben zu zweit verwirklicht werden, und nicht die der Partnerin,
- ... für Entscheidungen immer noch Mama zuständig ist,

- ... sich ein gestandenes Mannsbild nach wie vor dafür rechtfertigt, es seiner Mutter nicht recht machen zu können,
- ... ein Gespräch über die Mutter nur in Form leidenschaftlichen Lobens oder bitterer Kritik möglich ist, dann hat ein Sohn seine Mutter noch nicht überwunden.

Den schmerzhaften Weg der Loslösung muß nicht nur der Sohn, sondern auch die Mutter durchstehen. Eine Mutter muß den Sohn buchstäblich „weglieben", indem sie ihn zur Selbständigkeit ermutigt und ihm Belastungen nicht erspart. Leicht ist das nicht. Ich habe selbst einen 16jährigen Sohn und weiß, wie weh das „Weglieben" tun kann. Am ehesten gelingt es, wenn eine Mutter selbst geliebt wird und nicht ausschließlich von der Zuwendung ihres Sohnes abhängig ist. Drum stecke ich den Männern heute etwas hinter den Spiegel: Wenn Ihr wollt, daß Eure Ableger nicht ewige Muttersöhnchen bleiben, dann liebt und fördert deren Mütter. Unabhängige, lebenstüchtige und liebesfähige Männer sind meist Söhne von glücklichen, selbstbewußten Müttern ...

Vorsicht, Mann am Steuer!

Kürzlich wurde wieder einmal die Frage diskutiert, ob Frauen die besseren Autofahrer sind. Was für eine Frage! Immerhin sind 32 Prozent der Todesfälle in der Altersgruppe der unter 35jährigen Männer auf Autounfälle zurückzuführen.

Ich bin überzeugt davon: Frauen sind besser zum Autofahren geeignet. Sie reagieren erwiesenermaßen schneller, sie koordinieren besser als Männer und haben mehr Intuition und Einfühlungsvermögen. Da Autofahren mehr mit Intuition zu tun hat als mit Logik, geht diese Partie an uns. 1:0 für die Frauen. Auch der ideale Fahrstil ist weiblich: gelassenes Gleiten durch den Verkehr, regelgetreu und voller Einsicht darüber, daß riskantes Manöver oder Tricks mit kaputten Nerven oder Unfällen bezahlt werden. 2:0 für uns Frauen. Männer fahren anders. Gefährlicher. Der PS-Held läßt sich auf Risken ein, die seiner Beifahrerin den Angstschweiß aus den Poren treibt. Vor allem der potenzschwache Mann will oft durch Tatkraft an der Knüppelschaltung darüber hinwegtäuschen, daß er in der Liebe am letzten Loch pfeift.

Jetzt sind Sie als Mann sauer. Ich hätte ihnen unterstellen dürfen, daß Sie Angst im Wald haben oder daß Sie nicht rechtschreiben können – aber daß Autofahren nicht gerade Ihre Stärke ist – nein, das geht zu weit. Warum eigentlich? Warum müssen Männer beim Autofahren immer besser sein als wir Frauen? Hier zeigt sich, daß es beim Autofahren zwar keinen geschlechtsbedingten Unterschied gibt, der zugunsten der Männer ausfallen würde, daß aber Männer und Frauen eine unterschiedliche Beziehung zum Auto haben. Für Frauen ist das Autofahren eine Möglichkeit, zügig und unaufwendig von A nach B zu kommen. Für Männer ist das Auto ein Symbol für Lebenskraft und das Autofahren eine Möglichkeit, sich darzustellen. Die besondere Beziehung, die Männer zu ihrem Auto haben, zeigt sich auch darin, daß sie es mit allen Schikanen und Extras ausstaffieren, daß sie es pflegen und ihren Schatz eifersüchtiger hüten als ihre Geliebte. Kennen Sie einen Mann, der die Chromteile der Küchenmaschine mit derselben Hingabe poliert, wie die Chromteile seines

Autos? Ich nicht. Dafür kenne ich Ehen, in denen es Streit gibt, wenn sich die Frau das Auto ihres Mannes ausborgen will. Warum bitte, wird nicht gestritten, wer den Mikrowellenherd, den Rasenmäher oder die Waschmaschine bedient? Zu deren Handhabung gehört sicher nicht weniger technisches Verständnis als zum Schalten. Nein, für mich steht es ein für allemal fest: Gerade weil Männer nicht so ein nüchternes Verhältnis zu Chrom und Gaspedal haben wie wir Frauen, müßte es heißen: „Vorsicht, Mann am Steuer!"

Wenn Männer zu Frauen aufblicken

Michael hat eine Neue. Daran ist nichts Ungewöhnliches, denn Michael ist ein Single und wechselt von Zeit zu Zeit seine Partnerinnen. Ungewöhnlich an seiner Neuen ist deren Größe: Sie überragt Michael um ein gutes Stück. Ich gebe zu, daß ich seither über Michael eine bessere Meinung habe.

Bisher konnte es Michael nicht ertragen, wenn eine Frau größer war als er – er traf seine Partnerwahl nach Körpergröße. Das tut laut Statistik übrigens die Mehrzahl der kleinen Männer. Michael entsprach also mit seiner Haltung der gängigen Anschauung, daß ein kleiner Mann neben einer großen Frau eine Witzfigur sei, weil Befehle immer „von oben" kommen. In meinen Augen sind die kleinen Männer, die neben sich eine größere Frau ertragen, sogar alles andere als eine Witzfigur. Sie sind nämlich nicht darauf angewiesen, auf eine Frau herabzusehen. Sie halten es sogar aus, zu einer Frau aufzublicken. Das ist doch was, in einer Welt, in der für die Frauen das Aufsehenmüssen zum Mann zum seelischen Trauma wurde. Obwohl in unserer Gesellschaft Körperkraft und Körpergröße keine Bedeutung mehr in bezug auf die Überlebensfrage haben, sitzt uns der Ausdruckswert von „groß" und „klein" immer noch tief in den Knochen: Kleine Frauen gelten als hilflos und anlehnungsbedürftig. Große als stark und dominant. Wenn ich an meine Freundin Marie-Thérèse denke, weiß ich nicht, ob ich lachen oder weinen soll. Mit ihren 1,80 Meter ist sie lange nicht so robust wie ich mit meinen 1,60 Meter. Aber keiner glaubt es ihr! Immer muß sie es sein, die Halt geben soll, auf deren Stärke man baut.

Trotzdem wäre ich gern sieben bis acht Zentimeter größer, das macht einfach mehr her. Aber meine Mini-Größe hat gegebenfalls auch seine guten Seiten. Kleinen Menschen greift man eben gerne unter die Arme, man fürchtet sie nicht und ist ihnen wohlgesinnt. Das „Kindchen-Schema" wirkt bombensicher. Es wirkt sogar dann, wenn ich mit meinem kleinen Puch 500 durch die Gegend zuckle. Alle lächeln mir entzückt zu: Wie süß! Wie putzig! Wie hilflos! Als mir unlängst ein Bekannter seinen großen BMW borgte, erntete ich andere Blicke. Bewundernde, respektvolle. Das Große macht eben größeren Eindruck. Daß dieser Eindruck nicht unbedingt stimmt, hat jeder von uns entweder als Zeuge oder sogar schon am eigenen Leib erlebt. Wenn es darauf ankommt, sich wirklich als Großer zu beweisen, zieht gerade der Große oft den Schwanz ein. Damit will er sich so klein und harmlos machen, wie der verängstigte Hund, der seine Artgenossen beschwichtigt: „Seid bitte lieb zu mir! Ich bin nur halb so groß und halb so wild wie ich aussehe …"

Das erotische Gedächtnis

Natürlich erkannte ich ihn auf den ersten Blick. Wie denn auch nicht, schließlich war ich einmal verliebt in ihn gewesen. Das war allerdings im Jahre Schnee. Damals waren wir beide noch faltenlos, er hatte noch keine Halbglatze, und ich konnte noch ohne Brille lesen. Er beendete gerade sein Studium, ich machte meine ersten Schritte als Journalistin. Diese Zeit fiel mir ein, als ich ihn wiedersah. Wir lächelten uns zu, fröhlich, beide ganz offensichtlich glücklich darüber, auf dieser großen, anonymen Gesellschaft durch ein gemeinsames Stückchen Vergangenheit miteinander verbunden zu sein.

Dann kam die Enttäuschung.

Während ich ihm Bilder über unsere Besuche beim Heurigen und gemeinsame Freunde in Erinnerung rufen wollte, spielte er unentwegt auf unsere vergangenen Sexerlebnisse an.

„Kannst du dich noch an Alex erinnern?" lenkte ich ab. „Er war der einzige, der damals ein Auto hatte." – „Keine Ahnung", erwiderte er mit unverhohlenem Desinteresse. „Aber weißt du noch, wie ich mir das Auto meines Bruders ausborgte? Die Fenster haben sich beschlagen, so heiß ist es auf dem Parkplatz am Cobenzl hergegangen . . ."

Ich nahm ihm seine Anspielungen übel. Wie soll man mit einem Mann, den man Jahrzehnte nicht gesehen hat, entspannt über längst vergangene Liebespraktiken reden? Das setzt eine Intimität voraus, die schon lange nicht mehr da ist. Ich versuchte es mit einer Frage nach seinen Eltern.

Keine Antwort. Nur ein Glitzern in den Augen: „Du warst ganz schön scharf auf mich."

Widerlich! Mit welchem Recht erinnert mich dieser übergewichtige Kerl an erotische Empfindungen, die Jahrzehnte zurückliegen? Einmal probierte ich es noch: „Hast du dich eigentlich selbständig gemacht?"

„Ja, ja", antwortete er zerstreut und kramte schon wieder eine andere Sexerinnerung hervor. „Ich habe noch immer ein Foto von dir. Du hast einen Pferdeschwanz und oben gar nichts. So ein Foto war damals eine Sensation." Wieder ein schräger Blick, begleitet von einem schiefen Lächeln. „Oben rum warst du aber wesentlich stärker."

„Hör doch auf", schnitt ich ihm endlich das Wort ab.

„Aber warum denn?" fragte er gedehnt. „Sind Erinnerungen verboten?"

Nicht, wenn man sich im Einverständnis mit einer/einem gleichgestimmten Partner(in) oder alleine daran delektiert. Aber wenn die/der andere keinen Geschmack mehr an erotischen Reminiszenzen findet, dann sollte man delikate Gedanken gefälligst für sich behalten. Kann schon sein, daß der Mann, mit dem ich eine Zeitspanne meiner Jugend teilte, wirklich alles vergessen hat, was wir damals erlebten. Aber selbst wenn es so ist, daß er sich nur noch an die sexuelle Seite unserer damaligen Beziehung erinnern kann – um so schlimmer, daß er kein Hehl daraus macht. Wäre besagter Mann ein einfühlsamer Frauenkenner, hätte er nur eine Anspielung gemacht, gespürt, daß ich darauf nicht anspringe und übers Wetter, seinen Beruf, seine Kinder oder weiß der Teufel was geredet.

Ich habe für fast alle Männer, die in meinem Leben eine Rolle gespielt haben, immer noch zärtliche Gefühle. Aber seit dieser Begegnung weiß ich, daß das nur möglich ist, wenn gemeinsame erotische Erfahrungen wie ein Schatz im Gedächtnis verschlossen werden.

Das Recht auf Eifersucht

Erlauben Sie mir eine Frage: Sind Sie eifersüchtig? Nein? Ja? Also doch. Leiden Sie unter ihrer Eifersucht? Was für eine Frage! Und leiden Sie auch, weil Sie eifersüchtig sind? Auch das. Ich habe es mir gedacht.

Die meisten von uns schämen sich für ihre Eifersucht. Eifersüchtig zu sein ist ungefähr so schlimm, wie ein unkontrollierter Rülpser bei einer noblen Tischgesellschaft. Warum eigentlich? Ein gewisses Maß an Eifersucht – nicht die unbegründete, krankhafte Eifersucht, die hinter allem und jedem Lug und Trug wittert – gehört zu lebendigem Fühlen einfach dazu! Mir hängt das Gefasel von den eifersuchtsfreien Hopi-Indianern und von den Samoanern, denen eifersüchtige Neigungen angeblich völlig fremd sind, zum Hals heraus. Wir sind weder Hopi-Indianer noch Samoaner und leben in einer Kultur, in der Erotik einen exklusiven Anspruch hat. Ich plädiere für das Recht auf Eifersucht! Männer dürfen ja noch eher als Frauen eifersüchtig sein, aber Frauen wird Eifersucht partout nicht zugestanden: Anstatt einer „Schwäche" nachzugeben, wird erwartet, daß sie lieber nachdenken, was sie alles falsch gemacht haben, um überhaupt Grund zur Eifersucht bekommen zu haben.

Es ist typisch, daß sich bei Treueproblemen, Dreiecksgeschichten und Eifersuchtskonflikten im allgemeinen mehr Frauen als Männer an mich wenden und fragen, „was sie ändern könnten". Frauen haben grundsätzlich mehr Schuldgefühle als Männer und das Bedürfnis, sogar unter außergewöhnlichen, oft sogar unerträglichen Umständen, die Liebe eines Mannes nicht zu verlieren. Männer fürchten weniger den Liebesverlust als den Verlust ihrer Bestätigung als Mann. Das beweist auch eine sehr aufschlußreiche Untersuchung eines Genfer Psychoanalytikers. Er fragte Frauen und Männer, welche Situation sie – gezwungenermaßen – eher wählen würden: a) der Partner schläft mit dir und denkt dabei an eine andere Person; b) der Partner schläft mit einer anderen Person und denkt dabei an dich. 70% der Männer fanden Situation a weniger angsterregend, nahezu 70% der Frauen Situation b. Sagen diese Reaktionen nicht alles über die männliche und die weibliche Einstellung zu Eifersucht und Liebesverlust? Erst kürzlich bat mich eine 46jährige Frau um ein „Rezept gegen ihre dumme Eifersucht". Ihr gleichaltriger Mann geht an sogenannten „Herrenabenden" mit jungen Mädchen aus, schmust mit ihnen in der Öffentlichkeit und führt sie sogar in die Lokale, in die er auch mit seiner Frau geht. „Aber ich weiß, er liebt nur mich, und darauf kommt es ja an", entschuldigte ihn die betakelte Ehefrau und macht sich Selbstvorwürfe wegen ihrer „dummen" Eifersucht.

Doch egal, ob es jetzt eine Frau oder ein Mann ist, der von einem Partner verletzt wird – das Recht, auf den Schmerz einer Verletzung adäquat, also mit eifersüchtigen Regungen zu reagieren, steht jedem von uns zu. Lassen Sie sich nicht einreden, daß Sie besitzergreifend oder kleinkariert sind, wenn Sie auf eine Verletzung Ihres Selbstwertgefühles oder aus begründeter Angst um einen Verlust Eifersucht zeigen. Sie ist der Ausdruck eines Leides, das ihnen zugefügt wurde und das Sie auch zeigen müssen, wenn Sie wieder zu Ihrem Selbstwert zurückfinden wollen.

Noch ein Wörtchen zu der Behauptung, daß Frauen eher als Männer dazu neigen, „krankhaft", also unbegründet, eifersüchtig zu sein. Stimmt nicht! Männer geben einfach mehr Anlaß zur Eifersucht. Und neue Untersuchungen zeigen, daß Männer nicht nur eifer-

süchtiger als Frauen sind, sondern auch gefährlicher
leiden: Während Frauen mehr klagen, werden Männer
eher krank ...

Sex im Alter

Sex und Jugend sind eins. Aber Sex, Falten und Alter
sind pfui. Darüber darf man nicht reden, man darf keine derartigen Sehnsüchte zugeben, und schon gar
nicht darf man Sex praktizieren.

Sie glauben nicht, daß das so ist? Sie haben nicht die
wütenden Briefe gelesen, die ich auf meine Beratungen
rund um den Alterssex bekomme! Auf Leseranfragen,
die sich mit Sexualproblemen reifer Menschen befas-
sen, geht rund dreimal soviel Post ein wie auf andere
Briefe. Andererseits aber stapeln sich auf meinem
Schreibtisch auch die flehentlichen Bitten meiner reifen Leser, mehr über den Sex im Alter zu schreiben.
Das tue ich hiemit. Und ich tue es gerne. Erstens kann
ich mir gut vorstellen, wie schmerzhaft es ist, einen
wesentlichen Bereich des Lebens verleugnen zu müssen. Zweitens gehöre ich auch einmal zu den „Alten",
denen man Sexquarantäne verordnen will. Aber täu-
schen Sie sich nicht:

Neue amerikanische Statistiken zeigen, daß sich immerhin rund 50% der über 60jährigen genauso nach
Zärtlichkeit und Sex sehnen wie die Jungen und dabei
denselben Genuß wie diese haben. Unter einer er-
zwungenen sexuellen Abstinenz leiden die reifen Se-
mester sogar noch mehr als die jungen. Würden Ärzte

ihre älteren Dauerpatienten auf ihre Sexualität hin ansprechen, könnten sie ihnen eine Menge Pulverln und Wehwehchen ersparen. Wenn sogar Ärzte das Thema „Sexualität im Alter" tabuisieren, sind sie damit ein Abbild unserer Gesellschaft, die Sex nach wie vor als Privileg der Jungen, Schönen und Fortpflanzungsfähigen betrachtet. Lassen Sie mich wenigstens einige davon aufgreifen:

1. Sexuelle Bedürfnisse schlafen mit zunehmendem Alter automatisch ein. Stimmt nicht! Nicht über nachlassendes sexuelles Interesse wird geklagt, sondern über fehlende Sexpartner.

2. Mit dem Alter läßt der sexuelle Genuß nach. Falsch! Die Quantität läßt ein bißchen nach (immerhin haben die über 60jährigen noch genauso oft Sex wie die 50jährigen), nicht aber die Qualität.

3. Nach dem Wechsel hat eine Frau keine sexuellen Bedürfnisse mehr. Schwachsinn! Es kann durch die veränderten Lebensumstände sogar zu einer sexuellen Revitalisierung kommen.

4. Langsamere Erektionen beim Mann sind das Zeichen für eine beginnende Altersimpotenz. Auch falsch! Dabei handelt es sich um natürliche altersbedingte Veränderungen.

5. Wer keinen Sexpartner hat, muß Sex absolut abschreiben. Nein! Sexuelle Phantasien oder Selbstbefriedigung sind eine legitime und medizinisch vertretbare Methode, sich ohne Skrupel zu entspannen.

6. Wenn es beim Sex Beschwerden gibt, ist das ein Signal dafür, aufzuhören. Ach, was! Man hört ja auch nicht auf zu essen, nur weil man das eine oder andere nicht mehr verträgt. Altersbedingte Schwierigkeiten sind schon ab 35 normal, und es gibt dafür jede Menge Hilfen und Erleichterungen.

7. Wenn es nicht mehr zu Erektionen kommt, sollte es auch nicht mehr zu sexuellen Begegnungen kom-

men. Unsinn! Auch durch andere Möglichkeiten der körperlichen Nähe kann man Sexualität befriedigend erfahren. Sex im Alter kann und darf in jeder Form, aber er muß nicht sein. Manche hören mit dem Sex schon im Frühling ihres Lebens auf, manche denken auch noch nicht im Herbst ihres Daseins daran. Die selbstbewußte, freie Entscheidung darüber, wann und wie man seine sexuelle Aktivität einstellt, sollte eigentlich zu der vielzitierten sexuellen Freiheit unserer Epoche gehören ...

Sag mir, wie du wohnst ...

Verliebte, die zum ersten Mal vor der Wohnungstür eines neuen Partners stehen, fühlen dasselbe wie Forscher angesichts unbetretener Landstriche: noch ist alles möglich – Begeisterung und Faszination ebenso wie Enttäuschung oder Belustigung.

Wenn Sie für Ökonomie und Einfachheit sind, strahlt Ihre Einrichtung diese Ideale aus, wie Ihre Möbel vielleicht Zeichen einer tiefen Verbundenheit mit der Familie sind oder ein vehementes Interesse an einer Verbindung mit der jungen Generation verraten. Die Gegenstände unseres Lebensraumes verkörpern die Ziele und die Identität eines Menschen und können daher in Sekundenschnelle die Einstellung einer neuen Bekanntschaft ändern. Ich bin sicher nicht die einzige, für die ein Wohnungsbesuch mindestens so spannend wie eine Lebensbeichte ist. Daher mein Rat: Unterschätzen Sie nicht die Wirkung, die Ihre häusliche Atmosphäre auf ein neues Gegenüber hat! Die Umgebung, die Sie sich schaffen, verrät Ihre geheimsten Wesenszüge. Auch wenn Sie noch so geschickt bluffen – Ihre Möbel können Sie verraten. . . .

Viele Minuspunkte bringen Schonbezüge – sie lassen unbewußt Genußunfähigkeit und wenig Spontanität vermuten. Gezielte Aufmerksamkeit schenkt man dem Lieblingssessel, denn er verrät das Autoritätskonzept eines Menschen: Je pompöser und großartiger der Lieblingssessel ist, desto mehr Wert legt der Besitzer vermutlich darauf, daß seinen Wünschen Folge geleistet wird. Eine plüschbezogene Lustwiese mit eingebauten Lampen und Radio hat auf die meisten Frauen eine ernüchternde Wirkung: Massenhaft eingebaute Extras lassen überhaupt einen akuten Mangel an Phantasie befürchten. Hüten Sie sich davor, Zeitgeist-Bücher dekorativ herumliegen zu lassen, ohne auch nur einen einzigen Blick hineingeworfen zu haben. Wenn man Pech hat, wird man von einem besser informierten Besuch als intellektueller Angeber eingestuft. Mißtrauisch wird man auch, wenn man feststellen muß, daß der/die hinreißende neue Flamme bequem bis zum Geht-nicht-Mehr ist und sich – ohne es zu müssen – mit geschmacklosen, ausrangierten Möbeln von Verwandten oder Vormietern zufriedengibt.

Aber beruhigen Sie sich – wenn „er" beziehungsweise „sie" feststellt, daß Ihr häusliches Umfeld nicht nur ein erfreulicher Spiegel Ihrer Persönlichkeit ist, sondern auch zum eigenen Selbstbild paßt, ist es genausogut möglich, daß eine bisher zurückhaltende Neueroberung alle Vorbehalte sausen läßt. Möbel sind eben nicht bloß tote Gegenstände – sie sind unsere dritte Haut. Darum hat die Wohligkeit, die ein neuer Partner in Ihrer Wohnung spürt, durchaus mit sinnlicher Berührungsbehaglichkeit zu tun . . .

Allein lebt's sich gut!

Ich erlebe es beinahe täglich: Single-Frauen werden oft wie Außenseiter behandelt, angefeindet und gemieden. Einer alleinstehenden Mutter haftet ein Makel an, eine alleinstehende junge Frau wird als Freiwild gesehen, eine alleinstehende reife Frau von vornherein bedauert: „Die Arme! Kann sie ihr Leben überhaupt genießen? So ganz ohne Mann?" Sie kann!

Meine Bekannte Gertraud ist eine jener Frauen, die mit ihrem Single-Dasein eigentlich sehr gut fertig werden. „Eigentlich" deshalb, weil da noch die anderen, die Bekannten, die Kollegen und manche Freunde und Verwandten, sind. Die werden mit Gertrauds Alleinsein wesentlich schlechter fertig: „Was, Sie waren am Wochenende ganz allein zu Hause?" – „Wie, Sie gehen heute abend solo ins Kino?" – „Ist das die Möglichkeit, du fährst alleine nach Florenz?" – „Du meine Güte, du mußt ja schrecklich einsam sein." Gertraud ist nicht einsam. Sie hat einen Beruf, zwei verheiratete Töchter, mit denen sie gerne zusammenkommt, und sie hat zwei ebenfalls alleinstehende Freundinnen, mit denen sie viel unternimmt und jede Menge Spaß hat. Probleme hat Gertraud nur mit ihrer Umwelt: „Ich habe es schwer, den Leuten klarzumachen, daß ich mich auch ohne Mann komplett fühle", sagt sie.

Noch schwerer ist es für Gertraud zu erklären, daß auch ihr Körper nicht nach einem Mann verlangt. Sex war für sie nie besonders wichtig. Im Gegenteil – die körperliche Liebe war ihr eher eine lästige Pflicht. Warum soll man es nicht offen aussprechen? Sex ist nicht für jeden Menschen gleich bedeutend. Dem einen macht er mäßig Spaß, der andere braucht ihn täglich, und für den Dritten ist er schnuppe.

Ich stelle übrigens immer wieder fest, daß es viele Frauen gibt, für die Sex gar nicht so wichtig ist. Wenn sie dennoch auf Biegen und Brechen hinter einem Mann her sind, dann geschieht das oft nur deshalb, weil sie sonst keinen Menschen haben, auf den sie sich verlassen können, oder weil der Druck der Umwelt zu groß ist. Drum sei vor allem denjenigen, die einen Partner haben, gesagt: Wenn es im Leben einer alleinstehenden Frau Menschen gibt, die für sie da sind, ist ihr Leben nicht „sinnlos", bloß weil kein Mann Socken in der Wohnung herumliegen läßt. Ich will jetzt das Alleinsein nicht zur idealen Lebensform hochjubeln. Aber für den, der alleine und ohne Sex nicht nur so recht und schlecht, sondern sogar sehr gut leben kann, sollte sie als das anerkannt werden, was sie ist: Die Lebensform, die für ihn optimal und daher die beste ist . . .

Gehen Sie raus aus Ihren vier Wänden!

Vielleicht haben Sie es schon gehört: Man geht nicht mehr aus. Man trifft sich nicht mehr mit anderen. Man setzt den Fuß nicht unnötigerweise vor die Tür. Für Unterhaltung sorgt der Fernsehapparat. Er kann nicht widersprechen, schaut nicht unfreundlich und ist keine Ansteckungsgefahr. Nicht einmal zum Einkaufen verläßt man seine vier Wände. Was man fürs tägliche Leben braucht, bestellt man telefonisch, die größeren Sachen ordert man per Katalog.

„Cocooning" (sprich kokuning = sich einspinnen) nennt man den neuen Antikommunikationstrend. Es ist zum Aus-der-Haut-Fahren und zum Heulen. Da entwickeln wir uns schon seit Jahren zu einer Generation von Einsamen, und es ist tatsächlich noch möglich, „Cocooning" zu propagieren. Also mit mir nicht. Ich bin dagegen, sich noch mehr von der Außenwelt abzukapseln, noch mehr den Kontakt zu anderen Menschen zu verlieren, noch mehr Dialoge mit Werbesprüchen zu führen und noch intensiver mit den unsäglich leeren Ereignissen in einer Fernsehserie mitzuleben.

Ich wette mit Ihnen, daß sich in Ihrem Haus Berührenderes ereignet als in der 19. Folge einer Endlosserie. Ich lege meine Hand ins Feuer, daß Ihnen ein paar interessante Worte eines Fremden mehr geben als die Versprechungen der Werbung. Und der kleine Bub der Hausbesorgerin ist mit Sicherheit genauso herzig wie ein Dingsda–Star. Aber wahrnehmen müssen wir die Menschen um uns herum! Zugehen auf sie müssen wir und Gespräche führen. Was soll das vertrottelte „Cocooning", wo wir nichts mehr brauchen als das „Du"? Ein Mensch, der sich nicht in einem anderen spiegeln kann, der von anderen nicht wahrgenommen und aufgenommen wird, kann sich selbst und seine Existenz nicht fühlen. Wollen wir das wirklich?

Ein Trend wie „Cocooning" stempelt die Welt zum feindlichen Lager und Menschen zu potentiellen Feinden. Nur in seiner eigenen Trutzburg ist man angeblich vor ihnen sicher. Lüge! Die zellulare Abgeschlossenheit erzeugt einen sozialen Verfolgungswahn und massive Ängste. Ich stehe dazu, nicht nur ein „Innen", sondern auch ein „Außen" zu brauchen, um nicht unterzugehen in der Anonymität. Ich gebe auch zu, daß mir der Fernsehapparat die Menschheit und die Welt nicht ersetzen kann. Darum gehe ich weiterhin zum

Greißler einkaufen und bestelle nicht per Katalog. Darum tratsche ich mit dem alten Gärtner in meiner Gasse und freue mich wie ein Schneekönig, wenn irgend jemand ein Gespräch mit mir beginnt. Jetzt erst recht ...

Treu sein – was heißt das schon?

Treue ist Anstand und Aufrichtigkeit. Untreue ist Verrat und Unaufrichtigkeit. Stimmt's? Es stimmt eben nicht. Der Treuebegriff ist leider nicht so klar wie eine frisch geputzte Fensterscheibe.

Gerda ist seit Jahren mit einem Mann liiert, der nach Meinung der anderen diese zauberhafte Frau gar nicht verdient. Sie ist treu wie Gold und wird wegen ihrer hohen Moral bewundert und verehrt. Aber was heißt hier Moral! Gerda empfindet sich selbst ohne Persönlichkeitsstrukturen. Sie klammert sich an einen Mann, der ihr – gerade weil er ein Hallodri ist – die fehlende Identität, nämlich die Identität einer „Heiligen", gibt. Ihre mangelnde Individualität und nicht ihre „hohe Moral" sind der Grund dafür, daß sie einem Treueideal anhängt, über das wir uns eigentlich viel zu wenig den Kopf zerbrechen.

Eine andere Geschichte: Ein harmloser Seitensprung während des Urlaubs hatte für Evelyn keine Bedeutung hinsichtlich ihrer tiefen Beziehung zu Markus. Doch für Markus steht fest: Keine Treue – keine Liebe. Also ließ er sich trotz Evelyns verzweifelten Beteuerungen scheiden. Mit weniger starrem Denken hätte diese Liebe vielleicht ewig Bestand gehabt.

Noch ein typischer Fall: Bevor Paul und Karin zusammenzogen, machte er sie darauf aufmerksam, daß sie um Himmels willen nicht damit rechnen dürfe, für ihn immer alles sein zu können. Auch Paul wollte nicht alles für Karin sein. Beide versprachen einander, ihren Erfahrungsmöglichkeiten nicht im Weg stehen zu wollen. Anders gesagt: Sie richteten sich eine „offene Beziehung" ein. Aber sowohl Paul als auch Karin können sich nicht erklären, warum sie ihre diversen Pantscherln immer seltsam gleichgültig erlebten, wie es eigentlich kommt, daß sie beim Sex nur miteinander Gefühlsräume erreichen, die ihnen bei ihren Affären verschlossen bleiben. Wahrscheinlich würden sich beide dagegen wehren, würde man ihnen sagen, daß die unbefriedigenden Empfindungen, die sie bei ihren Abenteuern haben, nicht nur der Beweis einer treuen Gesinnung, sondern auch eine Form der Treue ist.

Was wir von diesen und ähnlichen Geschichten lernen sollten? Daß es naiv ist, sich ein „Treueprinzip" ungeprüft anzueignen. Der gültige Treuebegriff hängt von der Dynamik eines Paares und der Persönlichkeitsstruktur des einzelnen ab und nicht von der Bereitschaft, eine einleuchtende Ideologie zu übernehmen. Daß man damit – sozusagen im Blindflug – sein ganz persönliches Lebensglück findet, wäre zu schön, um wahr zu sein . . .

Sei glücklich!

Unlängst fand ich bei einem Altwarenhändler einen Geschirrtuchhalter, auf dem in Kreuzstichen ein Spruch eingestickt ist: „Sei glücklich!" Im ersten Moment amüsierte mich diese unverblümte Aufforderung zum Glücklichsein. Als ob man das könnte! Man kann es. Mehr noch – man sollte es. Glück ist nicht nur eine Sache der Götter, die verschwenderisch ihr Füllhorn über unser Leben leeren. Glück ist auch eine Sache der Bereitschaft.

Obwohl die Sehnsucht, glücklich zu sein, zeitlos ist, weiß niemand so recht, was das eigentlich ist, das Glück, dem man ein Leben lang nachjagt. Nur eines glaubt man zu wissen: Liebe und Glück, das gehört zusammen. Lieben ist mehr als Besitzen. Das ist richtig. Aber wir erhoffen und erwarten uns unser Glück ausschließlich aus diesem Bereich. Das ist nicht richtig.

Wenn im Beruf das Bedürfnis nach Anerkennung und Unverwechselbarkeit versagt bleibt, muß die Liebesbeziehung dieses fehlende Glückserlebnis verschaffen. Wenn Ängste das Leben einengen, soll die Ekstase des Sex befreiend wirken. Wenn Betäubung erhofft wird, soll der Sex sie bieten. Wenn seelische Panzerungen so stark sind, daß Gefühle nicht mehr gespürt werden, soll der Sex Gefühle verschaffen. Ich weiß aus vielen Briefen und Anrufen, daß der Traum vom Glück mehr und mehr vom Sex erhofft wird. Erst kürzlich wurde durch eine Studie des „Minnesota Golden Valey Health Center" bekannt, daß 3–6 Prozent der Amerikaner sexsüchtig sind. In den USA haben sich bereits eine Reihe von Sexsucht-Selbsthilfegruppen nach dem Muster der „Anonymen Alkoholiker" organisiert. Auch in der Bundesrepublik gibt es schon eine Reihe „Anonymer Sexaholic-Gruppen". Das Problem der Sexsüchtigen: Die Droge Sex muß ständig gesteigert werden. Noch mehr wechselnde Partner. Noch öfter Sex – bis zu zehnmal am Tag. Noch exzessivere Selbstbefriedigung. Noch ungewöhnlichere sexuelle Stimuli. Dr. Mraz von der Psychosomatischen Klinik Bad Herrenalb glaubt sogar, daß die Sexsucht verbreiteter als die Trunksucht ist. Aber weder Dutzende Liebesakte noch wechselnde Partner und auch nicht raffinierte Techniken können die tiefe Sehnsucht nach dem Glück stillen, die jeder in sich trägt. Glück, und damit bin ich wieder bei meinem Geschirrtuchhalter, können wir uns auch mit unseren fünf Sinnen ermöglichen. Der Geruch von frisch gemähtem Gras, der Blick auf das vertrauensvolle Gesicht eines Kindes, das Berühren einer wohlmeinenden Hand – all das sind Glücksquellen. Die Aufforderung „Sei glücklich", die ich jetzt jeden Tag in meiner Küche lese, heißt eigentlich „Sei wahrnehmungsfähig". Das Glück wohnt nicht nur im Schlafzimmer, sondern überall. Wir müssen nur bereit sein dafür ...

Immer wieder die alte Geschichte

Natürlich habe ich wieder geätzt. Ich wollte es wirklich nicht tun, aber es war stärker als ich. Obwohl es gar keinen aktuellen Anlaß gab, tat ich's. Was, Sie kennen ihn auch, diesen Trieb, im Bedarfsfall auf eine alte Geschichte zurückzugreifen? Oder sind Sie eher in der Situation, in der Sie Vorwürfe einer längst überwuzelten Geschichte bekommen? „Damals hast du nicht angerufen. Ich bin den ganzen Nachmittag zu Hause gesessen und habe gewartet." Oh Gott, jetzt geht die alte Leier schon wieder los. Der ewige Vorwurf. Erneutes Schuldgefühl auf der anderen Seite. Wiederholter Rechtfertigungsversuch und schließlich Verärgerung darüber, daß diese leidige Geschichte nun schon zum x-ten Mal aufgewärmt wurde. Egal, wieviel schöne und positive Erlebnisse bereits dazwischen liegen, der alte Vorwurf kommt so sicher wie der Steuerbescheid. „Du sagst mir ja nie, was du vorhast" – nur weil man einmal selbständig etwas geplant hat. „Den ganzen Abend hast du mich ignoriert" – nur weil man einmal Interesse für einen anderen Menschen gezeigt hat.

Auch wenn ein Vorwurf schon so alt ist, daß sein Bart am Boden schleift, verbergen sich dahinter doch unverarbeitete Ängste und Konflikte. Zum Beispiel der Konflikt, seine eigenen Vorstellungen nicht ausdrücken und durchsetzen zu können, andererseits aber von der bestehenden Regelung frustriert zu sein. Oder die Angst, für den anderen nicht wichtig genug zu sein. Anstatt die Dinge offen auszusprechen, wird der alte Vorwurf aus der Tasche gezaubert: Mit der Erinnerung an die unselige Geschichte will man unbewußt Schuldgefühle im Partner wecken. Denn wer Schuldgefühle hat, ist eher bereit, auf den anderen einzugehen.

Diese psychologische Faustregel stimmt zwar im allgemeinen, trifft aber in dieser speziellen Situation nicht zu. Was passiert, wenn man zum x-ten Mal eine alte Geschichte aufgetischt bekommt, wissen wir alle: entweder man wird wundersam taub oder man hackt zurück. Ich muß zugeben, daß sich derartige Mechanismen leicht in eine Partnerschaft einschleichen können. Aber das heißt noch lange nicht, daß man sich damit abfinden muß. Ich persönlich habe mir vorgenommen, beim nächsten Mal nicht automatisch die übliche Leier loszulassen, sondern mich zu fragen: Was stört mich den wirklich? Was macht mir angst? Wo liegt das eigentliche Problem?

Erst einmal muß man sich selbst klarmachen, was einen bedrückt und welche Bedürfnisse man nicht erfüllt bekommt. Dann kann ein offenes Gespräch das bisherige Drehen im Kreis beenden und einen Schritt auf den anderen ermöglichen. Hoffen wir's ...

Ein Herz für Kinder

Japanische Tanzmäuse sind „out", Kinder sind „in". Die Bundesrepublik vermeldet einen gewaltigen Baby-Boom, und Prominente posieren verstärkt mit ihren Ablegern, und die Kinohelden der Saison sind weder Rambo noch James Bond, sondern Kinder. Alles dreht sich ums Kind, das wunderbare Wesen. In den Filmen bringen die süßen Kleinen Schwung in den tristen Alltag. Sie stiften Ehen, bezaubern mit kindlichem Charme und beleben die erotische Beziehung. Aber die Filme und Titel-Stories zeigen uns immer nur die Butterseite der Elternschaft. Kinder sind nicht nur beglückend, süß und lustig, Kinder sind auch anstrengend. Vor allem sind sie für eine Partnerschaft oft und oft eine Belastung.

Ein Kind, von dem ein Paar nur durch eine papierdünne Wand getrennt ist, ist dem elterlichen Sex ebenso wenig zuträglich wie ein Kind, das stundenlang quengelt und nervt. Auch wenn man sich noch so sehr bemüht, die Liebesbeziehung frisch und knackig zu erhalten – ein Kind macht aus einem leidenschaftlichen Liebespaar über kurz oder lang „Mami" und „Papi". Jeder, der Kinder hat, weiß, daß sich „Mami" und „Papi" im Schlafzimmer nicht auf 1-2-3 in das unbefangene, spontane Liebespaar verwandeln können, das sie einmal waren. Einmal läßt ein kleiner Schreier keine Lust aufkommen, einmal nervt der pubertierende Sohn, einmal verletzt die Tochter mit bösen Worten. Auch im positiven Sinn zehren Kinder an den Liebesenergien. Wie oft schenkt man seinem Kind so ein Übermaß an Zärtlichkeit und Aufmerksamkeit, daß für den Partner nur noch ein kümmerlicher Rest bleibt! Machen wir uns nichts vor: Innerhalb einer Partnerschaft ist die Macht eines Kindes stärker als der Sex.

Dagegen habe ich auch nichts einzuwenden. Wenn rundherum alles paletti ist, ist eine Zweierbeziehung auf Erweiterung angelegt, und man hat die Kraft, nicht nur das Kinderglück, sondern auch den Kinderfrust durchzustehen. Wenn es eine resche Vierzigerin ins Wochenbett drängt, weil sie ihre Jugendlichkeit beweisen will, oder wenn ein Paar nur Gusto darauf hat, den Trend zum Kind mitzumachen, dann ist es anständiger und klüger, auf ein Kind zu verzichten. Erstens ist ein Kind kein Mountainbike, das man verstauben lassen kann, wenn man die Lust daran verloren hat. Und zweitens werden Trend-Eltern mit den Belastungen und Entbehrungen, die jedes Kind mit sich bringt, nie und nimmer fertig. Das Ende von der „neuen Lust aufs Kind" ist dann eine zerbrochene Partnerschaft und ein zerbrochenes Kind. Wollen Sie sich darauf wirklich einlassen?

Dein Kind, mein Kind, unser Kind

Als Irene Stefan heiratete, brachte sie eine Tochter und er einen Sohn in die Ehe mit. Irene und Stefan waren wild entschlossen, diesmal alles besser zu machen als bisher und endlich eine durch und durch „normale" Familie zu werden.

Natürlich kam es anders. Irene hatte von Anfang an Schwierigkeiten, die es in „normalen" Ehen nicht gibt. Sie mußte um ihren Platz neben Stefan und gegen Davids Mutter kämpfen, die ihm angeblich nicht das Kinogeld vorenthalten oder den Fernsehapparat abdrehen würde. Stefan hatte es nicht leichter. Stieftöchterchen Anna schwärmte ihm von ihrem fröhlichen Papi vor (Kunststück, er führt ja ein unbeschwertes Junggesellenleben) und ließ in ihrem Bedürfnis nach Anerkennung dem jungen Ehepaar keine freie Minute für sich. Bald gab es in Irenes und Stefans Schlafzimmer keine heißen Liebesszenen, sondern heiser geflüsterte Streitgespräche über „deinen Sohn, diesen unmöglichen Flegel" oder „deine Tochter, dieses penetrante Geschöpf". Irene konnte sich gar nicht erklären, wann es geschehen war, „weil wir fast nur stritten" – auf jeden Fall war sie schwanger. In dieses Chaos noch ein Kind? Ich muß zugeben, ich war genauso baff wie alle anderen, aber der kleine Christoph brachte tatsächlich eine gewisse Ordnung in die vielschichtigen Vater-Mutter-Kind-Beziehungen. Die beiden Stiefgeschwister schlossen sich durch den Neuankömmling enger aneinander, und Irene und Stefan, nun in einer neuen Elternschaft verbunden, sahen ein, daß sie eben keine „ganz normale" Familie sind.

Damit bin ich endlich bei dem Grund, warum ich Ihnen die Geschichte von Irene und Stefan erzählt habe: Es hat keinen Sinn, mit Illusionen eine Stieffamilie zu gründen. In einer Stieffamilie wird es immer andere, vielschichtigere Positionskämpfe und Beziehungskrisen geben als in der sogenannten Kernfamilie. Aber eines Tages, wenn die verschiedenen Lebensgeschichten und Ängste auf einen Nenner gebracht sind, kann sich ein familiäres Gefüge entwickeln, das an Dichte und Gefühlsintensität einer Kernfamilie um nichts nachsteht. Natürlich ist es weder für das Elternpaar noch für die Kinder leicht zu akzeptieren, daß es eine Hierarchie der Liebe gibt: Erst wird der „richtige" Papi geliebt, dann erst der zweite Papi. Erst die „richtige" Mami, dann die zweite Mami. Das tut weh, denn jeder Mensch hat erst einmal Anspruch auf die ganze Liebe des anderen. Aber es lohnt sich, offen darüber zu reden und sich darauf einzurichten: Immerhin wird jede dritte Ehe geschieden und etwa ein Viertel der Kinder wird einen Stiefelternteil haben...

„Erinnere mich nicht daran!"

„Eigentlich war Sonja schrecklich primitiv", meinte Josef unlängst über seine Verflossene. „Erinnere mich nicht daran. Ich war ja nie richtig verliebt in sie." Sonja ist da anderer Ansicht. Sie erzählt, daß sie mit Josef zumindest eine Zeitlang eine große Liebe verbunden hat. „Eineinhalb Jahre waren wir wirklich glücklich miteinander", behauptet Sonja. „Lächerlich", beteuert Josef. „Die Sache zwischen uns war immer nur so lala."

Ähnliches erlebte ich kürzlich bei Lilly. Ich erinnere

mich haargenau an ihre leidenschaftliche Beziehung zu Peter und habe noch Lillys tränennaße Augen vor mir, als sie mir mitteilte, daß sie und Peter heiraten würden: „Ich bin ganz krank vor Liebe", sagte sie mit bewegter Stimme. „Ich wünsche mir ein Kind von ihm." Damals habe ich Lilly verstanden. Heute verstehe ich sie nicht. Nicht, weil sie von Peter seit einem Jahr geschieden ist, mein Gott, das kommt vor, nur in den seltensten Fällen hält eine Liebe ewig. Ich verstehe Lilly nicht, weil sie seit kurzem in Georg verliebt, ihre ehemals innige Beziehung zu Peter runtermacht. Sie faselt etwas von Torschlußpanik, die sie zu der Ehe mit ihm veranlaßt habe. Am liebsten würde Lilly behaupten, daß die Geschichte mit Peter und auch die Beziehungen vor ihm gar nicht existiert haben, daß Georg überhaupt der erste Mann in ihrem Leben sei. Ich vermutete, Lilly schreckt vor dieser Behauptung nur deshalb zurück, weil sie immerhin schon 37 Jährchen zählt und ihr kein Mensch glauben würde, daß Georg ihr erster Mann ist. Lilly spricht diese Ungeheuerlichkeit zwar nicht aus, aber sie tut so als ob . . .

Aber nicht nur Lilly tut so, unzählige andere Männer und Frauen tun es auch: Sie bagatellisieren und leugnen eine vorangegangene Beziehung. Sie lassen an dem verflossenen Partner kein gutes Haar und bestreiten die Gefühle, die sie für ihn hatten. Ich frage mich, warum sie das sogar dann tun, wenn der alte Partner diese Entwertung nicht verdient und der neue Partner sie nicht verlangt. Mir wird immer ganz mulmig zumute, wenn ich Zeuge von emotionalen Vernichtungsfeldzügen werde und dabei sehe, wie sich der Betreffende satt und zufrieden in die Arme eines(r) neuen Partners(in) schmiegt: Wenn es für einen Menschen notwendig ist, einen ehemaligen Partner und die positiven Gefühle, die man für ihn hatte, zu leugnen, dann ist das ein Hinweis darauf, daß man den Anforderungen, die eine Trennung an jeden stellt, nicht gewachsen ist. Derjenige, der eine vergangene Liebe ohne Grund entwertet und leugnet, hat nicht nur Nullkommajosef dazugelernt, es ist auch auf seine Reife und damit auf seine Gefühle kein Verlaß.

Zerreißprobe Familienfest

Die Atmosphäre ist zum Zerreißen gespannt: Beiläufige Bemerkungen sind so spitz, daß sie aus einer Weihnachtskugel mühelos ein Teesieb machen könnten. Und wenn Blicke töten würden, fielen das plärrende Kleinkind, der zigarrenrauchende Onkel und mein Liebster, der mit einem Gesichtsausdruck bei Tisch sitzt, als hätte er Mumps und Durchfall gleichzeitig, auf der Stelle tot um: Das muß das weihnachtliche Familienessen sein. Hilft mein Bester beim Servieren, grinst irgend jemand vielsagend: „Den hast du aber gut abgerichtet." Hält er sich im Hintergrund, wird gestichelt: „Na, wie fühlt man sich denn, wenn man so verwöhnt wird?" Für Geschenke, die ich mühsam ausgesucht habe, wird überschwenglich gedankt und dann in der Küche gefragt, wo man sie umtauschen kann.

Gar nicht erst zu reden von den anzüglichen Bemerkungen, die nicht nur mein Siebzehnjähriger einstecken muß: „Schade, daß Ausgehen kein Maturafach ist." Oder: „Hast du voriges Jahr auch schon Pickel gehabt?" Überhaupt, die Kinder! Ich könnte jedem der lieben Verwandten, der mir in puncto Kindererziehung gute Tips geben will, an die Gurgel gehen. Das gilt umgekehrt aber auch für die pubertierenden Familienmitglieder, für die ein Familienfestessen schlimmer als eine Mathe-Schularbeit ist und die nur mit eisernen Drohungen „Du gehörst zur Familie, und wehe, wenn du nicht da bist / dich nicht gut benimmst / freche Bemerkungen machst / eine nach der anderen rauchst . . .“ bei der Stange zu halten sind.

Gibt es schon beim Thema „Kind“ Spannungen, finden politische Diskussionen nur in einer Lautstärke von 110 Dezibel statt. Dafür ist das eisige Schweigen geradezu körperlich spürbar, wenn die sechzigjährige, angeheiratete Cousine meine Idee, einen Tanzkurz zu besuchen, mit der Bemerkung quittiert: „Ach, du meinst das Seniorentanzen.“

Seltsamerweise habe ich dennoch eine Schwäche für Familienzusammenkünfte. Ich freue mich auf die feierlichen Mahlzeiten, auf die verschrobenen oder unfreundlichen Familienmitglieder, ja sogar auf die Hektik des Vorbereitens. Der Soziologe Dieter Claessens sagte einmal, daß eine Familie so etwas wie eine „vibrierende Einheit“ sei. Wie vibrierend diese Einheit sein kann, haben Sie vielleicht selbst gestern oder heute beim Mittag- oder Abendessen gespürt. Aber wäre es anders besser? Wäre es wirklich schöner, säßen Sie alleine da? Wenn ich mir die Stille ausmale, die dann um mich herum wäre, dann packt mich eine so wilde Zärtlichkeit für meine unmögliche Familie, daß ich beim Abschied hundertprozentig sagen werde: „Ihr kommt doch hoffentlich bald wieder . . .“

Flirt mit dem Alter

Der junge Mann, der mir bei Tisch gegenübersaß, sah zwar nicht aus wie ein Adonis, aber er interessierte sich für mich. Wir flirteten ein bißchen und blödelten herum, als das Gespräch auf eine Radiosendung kam, mit der vor 20 oder 30 Jahren Maxi Böhm erfolgreich war. Die große Chance. Kaum hatte ich das gesagt, starrte mich mein Gesprächspartner stumm an. Er dachte angestrengt nach, wie alt ich wohl sein mußte, wenn ich mich an eine Sendung erinnern kann, die es zu einer Zeit gab, in der er noch in die Windeln machte. Als er begriff, daß ich mindestens zwei Jahrzehnte älter sein mußte, wurde er einsilbig.

Der Rückzug des jungen Mannes gab mir zu denken. Habe ich mich in den Sekunden seines Überlegens verändert? Sind meine Haare grau und ist meine Haut faltig geworden? Das war es nicht. Trotzdem ist der Mann, der zwar etliche Jährchen jünger, aber bestimmt nicht attraktiver war als ich, spontan auf Distanz gegangen. Das Alter, und wenn es auch nur das kalendarische und nicht das sichtbare Alter ist, erstickt sexuelle Regungen im Keim. Bei Frauen ist das anders. Dieselben Dinge, die einen jungen Mann unter Umständen von einer älteren Frau Abstand nehmen lassen, machen umgekehrt einen Mann reizvoll. Er ist um Jahrzehnte älter? Wieviel Erfahrung und Wissen er in dieser Zeit gesammelt hat! Seinen Schädel zieren nur noch wenige Haare? Grandios, dieser Charakterkopf! Sein Gesicht ist von zuviel Sonne faltig? Das macht ihn nur interessanter. Er hat Übergewicht? Was heißt denn das, er ist eben ein gestandenes Mannsbild!

Machen wir uns nichts vor. Die Schönheitsnormen, die wir für Frauen und Männer parat haben, erlauben nicht, daß Frauen Zeichen des Älterwerdens an sich haben. Und nicht nur das – vor allem das Alter kickt eine Frau unbarmherzig ins Out. Auch wenn sie zehnmal besser aussieht als ein Mann, der jünger ist, wenn sie die bessere Figur, gesündere Zähne und schöneres Haar hat – Alter schändet.

Jetzt protestieren Sie. Dutzende Geschichten von prominenten Frauen, die älter als ihre Liebhaber sind, fallen Ihnen ein. Stimmt. Aber wenn Joan Collins und Konsorten Männer an ihrer Seite haben, die ihre Söhne sein könnten, dann ist das – leider – immer noch die Ausnahme von der Regel.

Käme eine Fee, würde ich mir wünschen, daß die Männer die Frauen genauso sehen könnten, wie wir die Männer immer noch sehen. Mit Augen, die auch das wahrnehmen, was jenseits der Altersgrenze Wert und Bestand hat. Anmut, zum Beispiel. Oder Witz, Wärme und Klugheit. Aber eher lernen wir Frauen Männer nicht nur durch die humane Brille, sondern als Sexualobjekte zu sehen. Da gibt es allerdings auch eine Menge aufzuholen. Erst unlängst hatte ich ein Erlebnis, das die unterschiedlichen Sichtweisen, die Männer und Frauen in puncto Alter haben, deutlich macht. Ein 18jähriger schickte mir ein Foto von sich und schrieb mir in einem rührenden Brief, daß er gerne mit mir schlafen würde. Die Vostellung kam mir vor wie Inzest – mein Sohn ist ebenfalls 18. Ich weiß, daß ich in dieser Angelegenheit so reagiere wie die meisten Frauen. Und auch das ist eine Wahrheit: Die Mütterlichkeit, die uns Frauen durchdringt, verhindert oft und oft, daß wir unsererseits das Unmögliche möglich machen. Auch in diesem Fall reagieren die Männer anders als wir. Ich zumindest kenne keinen Mann, der als Mittvierziger Inzestschranken spüren würde, wenn ihm eine 18jährige einen eindeutigen Antrag macht . . .

Beziehungsfalle Tennis

Meine Freundin Inge spielt seit 14 Jahren Tennis. Ihr Mann Niki seit 16 Jahren. Inge hat angeblich einen legendären Aufschlag, Niki „paniert" seine Gegner gnadenlos. „Beinhart liquidiert habe ich ihn", erzählte er mir unlängst, als wir vor der Haustür ein Pläuschchen hielten. Ich war beeindruckt. Kurz darauf sah ich Inge im Tennisdress. „Ich schau' auf den Tennisplatz", rief mir Inge verdrossen zu. „Vielleicht finde ich jemanden, der mit mir spielt." Ich konnte mir nicht verkneifen zu fragen, warum sie nicht mit Niki spielte, der heute ebenfalls schon am Tennisplatz war. „Mit Niki?" fragte Inge so erstaunt, als hätte ich ihr den Heiligen Vater als Partner vorgeschlagen. „Niki spielt nie mit mir. Er findet, daß ich keinen Killerinstinkt habe."

Da in meinem Bekanntenkreis nahezu alle Tennis spielen und mir schon lange auffällt, daß die Frauen immer um Tennispartner jammern, machte ich eine kleine private Umfrage: „Spielst du mit deiner Frau Tennis?" Um es kurz zu machen: Kaum einer läßt sich gerne auf einen Ballwechsel mit der Frau Gemahlin ein. Die meisten fürchten, durch Spiele „unter Niveau" auf Dauer an Spielstärke einzubüßen. Manche sind höchstens ein bißchen „zum Einschlagen" bereit, manche lassen sich zu einem ehrlichen Spiel herab wie zum Latrinenputzen. Traumpartien sind das nie. Eher Verrat am Tennis. Günther, ein mittelmäßiger Tennisspieler, lehnt es kategorisch ab, mit seiner besseren Hälfte zu spielen: Sie, die erst Jahre nach ihm Tennis lernte, hatte es gewagt, ihr Können und ihre Begabung zu zeigen und ihn zu schlagen. Nach jedem ihrer Siege war Günther stocksauer. Eines Tages beschloß er, sich fortan lieber von Niki panieren zu lassen.

Wenn in diesen Tagen mein Liebster wegen des Wimbledon-Turniers stundenlang vorm Fernsehapparat hockt und mir ob meiner Tennis-Abstinenz stumme, vorwurfsvolle Blicke zuwirft, denke ich mir meinen Teil: Mir ist es nicht unrecht, daß wir nicht Tennis spielen. Wer kann schon leichten Herzens zugeben, daß es auch in der besten Beziehung immer wieder um Macht, Einfluß, Siegen, Versagen und Wettbewerb geht! Solange dieser Kampf nicht offen ausgetragen wird, geht es noch. Am Tennisplatz kann nichts bemäntelt, verniedlicht und umschifft werden. Da gibt es plötzlich offene Rivalität und Kampf bis aufs Messer. Wenn man zum Sieger geboren und erzogen wurde, ist es kein Bimmerl, von einer Frau ins Verliererabseits gedrängt zu werden. Egal, wie sie es tut, ob durch mehr Können oder durch Spiele „unter Niveau" – für Männer, die aufs Dominieren und nicht aufs Miteinander programmiert sind, ist das Tennisspiel alles nur kein Spiel . . . .

Haben Sie eine(n) auf der hohen Kante?

Sie kennen sicher den Spruch „sich Geld auf die hohe Kante legen". Für den Fall der Fälle soll ein Notgroschen griffbereit sein. Spare in der Zeit, dann hast du in der Not. Gut, das ist ein reifes Verhalten. Aber nicht immer. Zum Beispiel dann nicht, wenn man sich einen Menschen auf die hohe Kante legt: Schütteln Sie jetzt nicht den Kopf, das kommt öfter vor, als Sie denken. Ich kenne Männer, die eine ganze Liste von Frauen regelmäßig einmal in der Woche anrufen – man weiß ja nie. Zurzeit beobachte ich mit zunehmendem Unbehagen eine gute Bekannte – nennen wir sie Christa. Christa signalisiert einem gewissen Richard ab und zu Interesse und Zuneigung, hält ihn aber gleichzeitig auf Distanz. Einmal führt sie mit ihm so ein zärtliches Flüstertelefonat, daß Richard der Schweiß aus allen Poren bricht. Ein anderes Mal bringt sie ihm aus Frankreich eine zuckerfreie Marmelade mit. Oder sie macht ihm von Angesicht zu Angesicht so süße Komplimente, daß Richard förmlich zu schielen beginnt. Richard, der arme Trottel, sieht in Christas Verhalten ein Versprechen auf mehr. Aber Christa will, wie auch beim Geld, im Fall der Fälle auf eine Reserve zurückgreifen können. Nach ihrer Scheidung war Christa lange allein gewesen. Diese Zeit der Einsamkeit und der Selbstzweifel will sie nicht noch einmal durchmachen. Sollte die Sache mit Karl schiefgehen – man weiß ja nie –, darf Richard Christas verwundete Seele hätscheln und ihr das Alleinsein erleichtern.

Ein feiner Plan: Christa investiert ein bißchen falsche Aufmerksamkeit und erwartet sich als Rendite echtes Gefühl. Christa glaubt souverän und klug zu handeln. Was sie jedoch wurmt, ist die Tatsache, daß sie ihre doppelte Absicherung keinesfalls glücklich, ja sogar seltsam taub macht. Kein Wunder. Glück und Liebe lassen sich mit Sicherheitsstrategien nicht zwingen. Authentische Gefühle bergen immer auch Ungewißheit und Unberechenbarkeit. Ich hoffe für Christa, daß Richard seine armselige Rolle bald durchschaut. Je schneller Christa den berühmten Weisel bekommt, desto besser für sie. Dann wird sie sich zwar unsicher und ängstlich fühlen, aber sie hätte die Chance, sich ihren Empfindungen zu stellen: Bedeutet ihr Karl vielleicht doch mehr, als sie ahnt? Ist es Richard, der mehr als ein Kümmerer für sie sein könnte? Oder wäre es gar besser, noch ein Weilchen allein zu bleiben, bis sie wieder die Kraft hat, sich auf Gefühle einzulassen. Ohne Sicherheitsnetz, aber mit der Gewißheit, durch und durch lebendig zu sein ...

Hände weg von everybody's Liebling

Kennen Sie Josef? Nein, den Josef, von dem ich spreche, kennen Sie wahrscheinlich nicht. Aber Sie kennen sicher einen, der wie Josef ist. Vor dem möchte ich Sie warnen.

Ob Bauchtanz, Dichterlesung oder Miß-Wahl – Josef ist immer dabei. Er ist nicht nur überall, wo was los ist, er ist dort dann auch der Hahn im Korb. Die Männer wollen mit ihm über Autos, Lokale und Mädels (wenn ich das schon höre! Ich hasse das Wort „Mädels") reden. Die Frauen sind geschmeichelt, wenn er ihnen ein paar Minuten seiner kostbaren Zeit schenkt. Ich muß zugeben, Josef sieht blendend aus. Immer gepflegt und immer top angezogen. Braungebrannt, den weißen Pullover um den Hals gelegt, gute Haltung, die Goldrandbrille diskret weggesteckt, Lachfältchen um die erfahrenen Augen. Josef versteht sich nicht nur aufs Amüsieren, sondern auch auf Werbung in eigener Sache. Wo immer er auftaucht, liegt sofort ein „Oh-la-la" und ein „Warum-eigentlich-Nicht" in der Luft.

Und je schöner die Frauen in seiner Umgebung, um so mehr geigt Josef auf. Nein, nein, ich will es ja gar nicht bestreiten:

In puncto Gesellschaftsleben und beim Flirten ist Josef ein As. Als Liebhaber, so habe ich mir sagen lassen, ist er keinen Pfifferling wert. Das Vorspiel, so klagten Josefs Ex-Geliebten, fand schon bei der Buchpräsentation oder beim kleinen Italiener statt. Die Sache selbst läßt sowohl das Temperament als auch die Phantasie und den Esprit vermissen, den man in der Öffentlichkeit so sehr an Josef bewundert. Anstatt Liebesgeflüster setzt er den Small talk von der Party fort. Und das Nachspiel geht bei ihm im Badezimmer über die Bühne. Da hat Josef endlich wieder Gelegenheit, sich ausreichend mit sich selbst zu beschäftigen.

Hinreißend und umwerfend wird Josef erst wieder beim Abschiednehmen. Vermutlich ist er froh, die mühsame Kommunikation zu zweit überwunden zu haben. Abgesehen davon, belebt die Aussicht auf ein baldiges, charmantes Agieren in größerem Kreis seine Sinne. Da ist er dann wieder der alte. Ganz Strahlemann und umwerfend charmant. Natürlich hat er gleich wieder eine Neue im Visier. Eine Blonde mit langen Beinen und Schmollmund. Damit er bei ihr schneller punktet, beißt er mich, da ich zufällig gerade neben ihm stehe, kokett ins Ohr und sagt so laut, daß es jeder hören kann: „Sei doch ein bißchen locker!" Unverschämtes Gegrinse zur Blonden. Zwinker, zwinker.

Ehrlich gesagt – ich finde Josef weder sexy noch interessant. Er ist kein Mann für gewisse Stunden. Ich zwinkere dennoch zurück. Nicht zu ihm, sondern zu der Blonden. Ich hoffe, sie hat mich verstanden ...

Liebe ist die beste Medizin

Das ist das Schöne in Sachen Liebe und Sex: Es gibt immer wieder Neues zu berichten. Daß das „Neue" gar nicht so neu, sondern nur eine neue Bestätigung von Altvertrautem ist, schmälert den Nachrichtenwert nicht – gerade auf dem Gebiet der Erotik brauchen wir immer wieder Bestätigung.

„Sex ist gesund und macht schön", lautet die letzte Neuigkeit. Was den geschickten Händen einer Kosmetikerin oft nicht gelingt, schafft ein guter Liebhaber im Handumdrehen: In seinen Armen beginnen die Augen zu funkeln, die Lippen zu glühen und durch die verstärkte Hautdurchblutung die Haut zu vibrieren. Das beste Hormon für eine Frau ist ein Mann, in den sie verliebt ist. Dasselbe gilt auch für den Mann – wenn er auch körperlich liebt, ist er gesünder und vitaler. Mir tun die Männer leid, die sich von dem Volksspruch „Nach 1000 Schuß ist Schluß" einbremsen lassen. Der Liebesknecht dankt Schonung nicht mit längerer Leistungskraft. Wenn er nicht gebraucht wird, macht er frühzeitig schlapp.

Regelmäßiger Sex ist auch ein Schutz gegen die gefürchtete Prostatavergrößerung. Die Hormone, die unter anderem auch dafür verantwortlich sind, daß sich das Prostatagewebe nicht vergrößert, werden nämlich nur dann in ausreichender Menge produziert, wenn auch Bedarf danach besteht.

Da Sex jederzeit, ohne Ausrüstung und ohne Sportgerät, ausgeübt werden kann, ungefährlich ist und dennoch denselben Trainingseffekt wie Sport bietet, empfehle ich ihn auch eingefleischten Sportgegnern. Immerhin entspricht die vorübergehende Blutdruckerhöhung beim Höhepunkt dem Blutdruckanstieg eines Läufers, der eben eine 4000-Meter-Strecke bewältigt hat. Durch die Atemfrequenzsteigerung werden alle Körperzellen mit Sauerstoff überflutet. Auch wenn Sie das Gefühl haben, daß Ihnen bei den vierzig Atemzügen, die Sie kurz vor der Ekstase tun, die Luft wegbleibt – Sie kriegen davon mehr denn je. Sogar gegen Grippe sind wir durch Sex gefeit, und Kopfschmerzen hören durch Sex auf. Also Schluß mit dem „Heute nicht, Liebling, ich habe Kopfschmerzen". Greifen Sie zum Mann, wenn Ihnen der Schädel brummt.

Daß Sex nicht nur den Körper, sondern auch die Seele stabilisiert, wußte man bereits um die Jahrhundertwende. Sigmund Freud wurde von einem Gynäkologen eine Frau mit der trockenen Empfehlung überwiesen: „Penis normalis. Dosim repetatur." (Normale Penis-Injektion. Behandlung ist zu wiederholen.) Das wäre das einzig wirksame Rezept, die Dame von ihrer „Nervosität" zu befreien, meinte damals der Kollege. Seine Kollegen von heute geben ihm sicher recht . . .

„Ich melde mich morgen!"

Claudia wird es nie kapieren. Anstatt Samstagnachmittag im Wald spazieren zu gehen, bleibt sie zu Hause. Und anstatt sich mit Karin abends einen Film anzusehen, fixiert sie das Telefon. Wenn es läutet, bekommt sie Herzklopfen. Meldet sich Karin, wird ihre Stimme flach vor Enttäuschung: „Ach du bist es . . ." – „Ich kann nicht kommen", gesteht Claudia schließlich. „Ich warte auf einen Anruf von Rolf." Das will Karin jetzt genau wissen.

„Ich melde mich morgen", hatte Rolf Claudia gestern versprochen. Aha. Und warum meldet er sich nicht? Ist ihm ein Dachziegel auf den Kopf gefallen und leidet er an akutem Gedächnisschwund? Claudia, die schon am Vormittag aufs Einkaufen verzichtet hatte, damit sie Rolfs Anruf nur ja nicht versäumt, macht sich mit dem letzten Teebeutel ein Täßchen Tee und ruft Rolf an. Rolf hebt prompt ab und klingt so kühl und überrascht, als würde Claudia ihn um einen fünfstelligen Kredit bitten.

Claudia kann nicht begreifen, was in diesem Mann vor sich geht. Gestern noch hatte er ihr die süßesten, unglaublichsten Dinge ins Ohr geflüstert. „So etwas habe ich noch nie erlebt", „Du bist einmalig", „Ich könnte Tag und Nacht mit dir sein". Und beim Abschied hatte er versprochen: „Ich melde mich morgen."

Das heißt aber nicht, daß Rolf anrufen wird! Es heißt: „Ich bin zu nichts, aber schon zu gar nichts verpflichtet und melde mich erst dann, wenn du mir zufällig wieder einfällst und ich nichts Besseres zu tun habe." Für Claudia heißt „Ich melde mich morgen": „Ich bin verpflichtet, auf deinen Anruf zu warten. Versprochen ist versprochen." Eben nicht. Männer haben zu Versprechungen dieser Art eine ganz andere Einstellung als Frauen. Frauen wie Claudia – und davon kenne ich eine Menge – sind bei einer neubegonnenen Beziehung bedingungslos bereit, sich auf diesen Mann und diese Liebe ganz ohne Einschränkung einzulassen. Männer wie Rolf – und auch davon kenne ich viele – erinnern mich an die Rüden, die auch dann noch das Bein heben und mühsam versuchen zu markieren, wenn sie kein Tropferl Wasser mehr in sich haben. Aber mit dem „Markieren" folgt ein Hund einem uralten Instinkt. Mit seinem Duft kennzeichnet er sein Territorium. Meiner Meinung nach tut Rolf dasselbe: Ein längst nicht mehr gültiger Instinkt läßt ihn eine Phrase gebrauchen, die heutzutage keine Bedeutung mehr hat, weil eine Frau keine falschen Versprechungen braucht, um sich auf eine Beziehung einzulassen. Claudia muß noch lernen, daß die süßen Worte vieler Männer nichts anderes sind als Duftmarken. Erst mal entschlüsselt, bleibt nichts anderes übrig, als die dürre Botschaft: „Ich bin dagewesen."

Und führe ihn in Versuchung

Bernhard träumte jahrelang von einer Sexbombe: „Du weißt schon . . . so eine, bei der dir als Mann die Hose zu eng wird, wenn sie dir in die Augen schaut." Bernhard bemühte sich zwar, aus jeder seiner Partnerinnen eine Femme fatale zu machen, aber trotz der tiefen Dekolletés, zu denen er seine Gefährtinnen überredete, wirkten sie immer als wären sie von der Heilsarmee.

Nun hat Bernhard eine Sexbombe gefunden. Sie ist nicht auffallend zurechtgemacht, aber wenn sie auftaucht, bekommen die Männer Stielaugen, und die Frauen folgen ihr, irritiert und beunruhigt, mit Blicken auf Schritt und Tritt. Ich kann es bezeugen: Edith ist die personifizierte Versuchung. Eigentlich müßte Bernhard jetzt glücklich sein. Er ist es aber nicht. Er kann es einfach nicht ertragen, wie „verfügbar" Edith wirkt. Bernhard rotiert. Ich vermute, daß die zwei nicht mehr lange ein Paar sein werden.

Bernhard, der arme Teufel, ist das Opfer einer widersprüchlichen Ideologie, die uns allen von Kindesbeinen an eingetrichtert wird. Sie lautet etwa so:

1. Sei verführerisch, und womöglich mehr sexy als die anderen.

2. Begehre aber gleichzeitig nur deine(n) Partner(in) und sei auch in Gedanken treu.

Wie soll das bitte gehen? Das Begehren des anderen ist doch der Kernpunkt der Erotik! Ohne zu begehren, ist man nicht wirklich begehrenswert. Eine Frau kann nicht verführerisch wirken, wenn sie nicht verführen will. Ist aber diese gewisse erotische Bereitschaft spürbar, reagieren Männer, die sexuell ansprechbar sind, prompt darauf. Das ist übrigens auch der Grund, warum ich keiner Frau Strapse und Reizwäsche empfehle, wenn sie nicht wirklich Lust an der Verführung und Freude an dem Zeug hat. Die heißeste Wäsche nützt nichts, wenn die Frau, die darin steckt, ihren Partner nicht ihr Verlangen spüren lassen kann.

Natürlich kann auch ein Mann, der für andere Frauen immun ist, nicht begehrenswert wirken. Auch als Frau spürt man unbewußt sofort, ob er erotisch vibriert oder ob er in die sexuelle Emigration gegangen ist. Der Widerspruch, der damit verknüpft ist, ist den meisten Frauen nur zu gut bekannt: Wer will nicht das Exklusivrecht an einem Mann, von dem zwar alle Frauen hingerissen sind, der aber nur Augen für einen selbst hat!

Machen wir uns nichts vor: An der Seite einer echten weiblichen oder männlichen Sexbombe zu leben, tut immer auch weh. Aber vielleicht tröstet es Sie zu wissen, daß die andere, die Interesse und Blicke Ihres Partners auf sich zieht, in ihm meist nur die erotischen Wonnen wachruft, die er mit Ihnen erlebt ...